# ALTERMONDIALISMES

# ALTERMONDIALISMES

## JUSTICE SOCIALE ET ÉCOLOGIQUE DANS UN MONDE GLOBALISÉ

**RAPHAËL CANET, RONALD CAMERON** et **NATHALIE GUAY**

Les Presses de l'Université d'Ottawa

2022

Les Presses de l'Université d'Ottawa (PUO) sont fières d'être la plus ancienne maison d'édition universitaire francophone au Canada et le plus ancien éditeur universitaire bilingue en Amérique du Nord. Depuis 1936, les PUO enrichissent la vie intellectuelle et culturelle en publiant, en français ou en anglais, des livres évalués par les pairs et primés dans le domaine des arts et lettres et des sciences sociales.

**www.presses.uOttawa.ca**

**Catalogage avant publication de Bibliothèque et Archives Canada**

Titre : Altermondialismes : justice sociale et écologique dans un monde globalisé / Raphaël Canet,
Ronald Cameron et Nathalie Guay.
Noms : Canet, Raphaël, 1974 – auteur. | Cameron, Ronald, 1953 – auteur. | Guay, Nathalie, 1978 – auteur.
Collections : Collection 101.
Description : Mention de collection : 101 | Comprend des références bibliographiques.
Identifiants : Canadiana (livre imprimé) 20220164258 | Canadiana (livre numérique) 20220164339 |
ISBN 9782760337589 (couverture souple) | ISBN 9782760337596 (PDF) | ISBN 9782760337602 (EPUB)
Vedettes-matière : RVM : Altermondialisme. | RVM : Mondialisation. | RVM : Néolibéralisme. | RVM :
Changement social.
Classification : LCC JZ1318. C36 2022 | CDD 303.48/2—dc23

Dépôt légal : Troisième trimestre 2022
Bibliothèque et Archives Canada
Bibliothèque et Archives nationales
du Québec



**Équipe de la production**

Révision linguistique — Agathe Rhéaume
Correction d'épreuves — France Beauregard
Mise en pages — Nord Compo

**Couverture**

Image — alfadanz
Maquette — Lefrançois agence marketing B2B

Les Presses de l'Université d'Ottawa sont reconnaissantes du soutien qu'apportent, à leur programme d'édition, le gouvernement du Canada, le Conseil des arts du Canada, le Conseil des arts de l'Ontario, Ontario créatif, la Fédération canadienne des sciences humaines par l'entremise du programme Prix d'auteurs pour l'édition savante et l'entremise du Conseil de recherches en sciences humaines, et surtout, l'Université d'Ottawa.

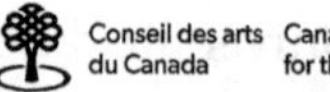

*À la mémoire de Pierre Beaudet,*
*qui a œuvré toute sa vie à construire des ponts*
*entre les peuples et les générations*
*pour bâtir un monde plus juste, solidaire et durable.*

# Table des matières

# Liste des abréviations

| | |
|---|---|
| **15-M** | Mouvement du 15 mai (Indignés espagnols) |
| **AECG** | Accord économique et commercial global |
| **ALBA** | Alliance bolivarienne pour les peuples de notre Amérique |
| **ALE** | Accord de libre-échange |
| **ALENA** | Accord de libre-échange nord-américain |
| **AMI** | Accord multilatéral sur les investissements |
| **ASC** | Alliance sociale continentale |
| **ATTAC** | Association pour la taxation des transactions financières et pour l'action citoyenne |
| **BLM** | *Black Lives Matter* (États-Unis ; traduction française non officielle La vie des Noirs compte) |
| **CAC** | Camp Action Climat |
| **CADTM** | Comité pour l'abolition des dettes illégitimes |
| **CELAC** | Communauté d'États latino-américains et caraïbes |
| **CLAC** | Convergence des luttes anticapitalistes |
| **COP15** | 15e Conférence des parties à la convention-cadre des Nations Unies sur les changements climatiques |
| **COP21** | 21e Conférence des parties à la convention-cadre des Nations Unies sur les changements climatiques |
| **CUT** | Centrale unique des travailleurs (Brésil) |
| **EZLN** | Armée zapatiste de libération nationale (Mexique/Chiapas) |
| **FAO** | Organisation des Nations Unies pour l'alimentation et l'agriculture (Food and Agriculture Organization) |
| **FEM** | Forum économique mondial (Davos) |
| **FFQ** | Fédération des femmes du Québec |
| **FMI** | Fonds monétaire international |
| **FSM** | Forum social mondial |
| **FSMET** | Forum social mondial des économies transformatrices |
| **FSMM** | Forum social mondial des migrations |
| **G7** | Groupe des sept économies occidentales les plus industrialisées (Allemagne, Canada, États-Unis, France, Italie, Japon et Royaume-Uni) |

| | |
|---|---|
| **G8** | Groupe G7 plus la Russie |
| **GAFAM** | Google, Amazon, Facebook, Apple et Microsoft (les géants du Web) |
| **GIEC** | Groupe d'experts intergouvernemental sur l'évolution du climat |
| **GESQ** | Groupe d'économie solidaire du Québec |
| **HCR** | Haut-Commissariat pour les réfugiés (Organe des Nations Unies aussi appelée : Agence des Nations Unies pour les réfugiés) |
| **JIF** | Journée internationale des femmes |
| **MAS** | Mouvement vers le socialisme (Bolivie) |
| **MERCOSUR** | Marché commun du Sud (Amérique latine) |
| **Me Too/Moi Aussi** | Mouvement féministe de dénonciation via les médias sociaux des agressions et harcèlements de nature sexuelle |
| **MLF** | Mouvement de libération des femmes |
| **MMF** | Marche mondiale des femmes |
| **MSF** | Médecins Sans Frontières |
| **MST** | Mouvement des travailleurs ruraux sans-terre (Brésil) |
| **OCDE** | Organisation de coopération et de développement économiques |
| **OMC** | Organisation mondiale du commerce |
| **ONG** | Organisation non gouvernementale |
| **ONU** | Organisation des Nations Unies |
| **OQP 2001** | Opération Québec Printemps 2001 |
| **OWS** | *Occupy Wall Street* |
| **PAS** | Programmes d'ajustement structurel |
| **PMB** | Produit mondial brut |
| **PT** | Parti des travailleurs (Brésil) |
| **PTP** | Partenariat transpacifique |
| **PTPGP** | Accord de partenariat transpacifique global ou progressiste (PTPGP) |
| **RIPESS** | Réseau intercontinental de promotion de l'économie sociale solidaire |
| **RQIC** | Réseau québécois sur l'intégration continentale |
| **UE** | Union européenne |
| **UGTT** | Union générale des travailleurs de Tunisie |
| **WWF** | *World Wildlife Fund for Nature* (Fonds mondial pour la nature) |
| **ZAD** | Zone à défendre |
| **ZLEA** | Zone de libre-échange des Amériques |
| **XR** | Extinction Rebellion |

# Introduction

Cet ouvrage vise à offrir aux lecteurs et lectrices une introduction aux processus et aux débats entourant le concept d'altermondialisme. Dans ses premières élaborations, ce phénomène est apparu comme une critique de la mondialisation qui, au tournant des années 1980-1990, était présentée comme l'aboutissement évident et vertueux de l'intégration du monde au sortir de la guerre froide.

L'ambition première de l'altermondialisme, en tant que concept, était d'expliquer que cette mondialisation, portée par les puissances de ce monde et les grandes institutions internationales à vocation économique qui lui sont attachées, n'était ni « naturelle » ni « inévitable » ou encore moins « heureuse », mais le résultat d'un processus politique par lequel les élites économiques ont imposé leurs intérêts sous l'étendard du néolibéralisme. Face au modèle hégémonique est alors apparue une nouvelle perspective avec des propositions concrètes et une analyse critique des transformations en cours. C'est ce que nous aborderons dans la première section de cet ouvrage.

Nous retracerons ensuite, dans la seconde section, le parcours de l'altermondialisme et de ses manifestations empiriques, d'une perspective critique au départ, à une approche innovatrice en cours de route. Cette évolution a été marquée par des événements, des mobilisations et la création de nouveaux réseaux qui ont eu une incidence à l'échelle internationale. Nous traiterons de l'insurrection zapatiste, de la lutte contre les accords de libre-échange et la finance mondiale, de la Marche mondiale des femmes, du Forum social mondial, de la mouvance *Occupy*, ainsi que des revendications qui ont émergé en Amérique latine avec les gouvernements progressistes de la vague rose, de même que ceux du Printemps arabe.

Finalement, dans la troisième section, nous cernerons les enjeux actuels, défis et contradictions des différentes expériences altermondialistes. Malgré les chocs subis par la crise qui frappe l'économie mondiale, les flux des migrations accélérées, les incohérences de la gouvernance, l'enjeu climatique et, depuis 2020, la pandémie de la COVID-19, des mouvements ont trouvé les moyens de relancer les revendications féministes et écologistes, les projets d'économie sociale et solidaire, le respect des droits et la lutte contre le racisme et les discriminations. Par ailleurs, ces mouvements se heurtent de plus en plus aux politiques mises de l'avant par les États qui promeuvent une « austérité » dont les cibles sont les classes moyennes et populaires et qui se combinent au tournant autoritaire et populiste qui se manifeste un peu partout sur la planète.

La conclusion nous permettra, à partir d'une mise en perspective historique du cheminement des différentes formes de l'altermondialisme (en tant que concepts, pratiques et expériences), de nous projeter dans un avenir proche au moment où la « crise des crises » se trouve confrontée par de nouvelles générations de mouvements qui cherchent à répondre à la controverse du changement social.

En suivant ce parcours, les lectrices et lecteurs pourront mieux saisir comment l'altermondialisme élabore depuis 25 ans un projet différent et pluraliste pour faire face aux grands enjeux politiques, économiques, écologiques et sociaux de notre temps, avec ses potentialités, ses limites et ses contradictions.

Cet ouvrage est le fruit d'un travail collectif de chercheurs et d'analystes qui ont participé, à différents degrés, à l'aventure altermondialiste. Il adopte le point de vue du savoir engagé dans le processus de transformation sociale en cours. Car, comme l'affirmait Herbert Marcuse, une « théorie critique de la société contemporaine doit rechercher les causes de ces développements et leurs alternatives historiques. Il lui faut analyser la manière dont la société utilise (ou n'utilise pas, ou utilise avec excès) ses possibilités pour améliorer la condition humaine ». Et dans cette entreprise ajoutait-il : « Les jugements de valeur sont sûrement inévitables »[1]. L'honnêteté intellectuelle des chercheurs consiste alors à ne pas les dissimuler.

Raphaël Canet, Ronald Cameron et Nathalie Guay
Avec la collaboration de Pierre Beaudet, Abdelhamid Benhmade,
Pascale Dufour, Carminda Mac Lorin et Gustave Massiah

1. Herbert MARCUSE, *L'homme unidimensionnel*, Paris, Les éditions de minuit, 1968, p. 16.

# SECTION 1
# POINTS DE DÉPART

## 1 Qu'est-ce que l'altermondialisme ?

*Nous avons une dette énorme envers les générations futures. Celle de leur transmettre un monde meilleur. Un monde où les droits de chaque individu sont respectés. Un monde qui se fonde sur les aspirations passées à une vie bonne. Un monde qui permet à chaque individu de développer tout son potentiel.*

Nelson Mandela

Ces quelques mots prononcés par Nelson Mandela à l'occasion du 4e Forum social mondial (FSM) qui s'est tenu en Inde en janvier 2004, résument bien l'esprit général de l'altermondialisme. Il s'agit, ni plus ni moins, de reconstruire nos sociétés sur de nouvelles bases afin d'assurer un avenir meilleur aux prochaines générations. L'altermondialisme est un projet de transformation sociale qui se fonde sur une certaine vision du monde, alimente et inspire un ensemble de mouvements qui mettent de l'avant plusieurs propositions. Reprenons chacun de ces trois éléments pour bien comprendre le sens du mot.

### Une vision du monde

La façon la plus simple de comprendre l'altermondialisme, c'est à travers son slogan qui s'affiche comme un message d'espoir : « Un autre monde est possible ! » C'est un appel à construire un monde différent de celui qui existe déjà, un monde qui serait plus juste, solidaire et durable. Un monde meilleur.

Comme beaucoup de mots en « -isme », l'altermondialisme est une idéologie, c'est-à-dire une vision du monde et de la société qui est teintée par

des valeurs et des aspirations. L'altermondialisme est apparu au tournant du 21e siècle, alors que triomphait une autre idéologie, le néolibéralisme, qui avait réussi à imposer son projet : la mondialisation néolibérale. Ce projet visait essentiellement à concevoir la planète comme un immense marché soumis à la loi de l'offre et de la demande (voir le chapitre suivant). L'altermondialisme s'est affirmé pour donner une voix aux perdants du système dominant, pour exprimer cette autre vision de la mondialisation centrée cette fois-ci non plus sur l'individualisme et la libre concurrence, mais sur la solidarité et la coopération internationale, non plus sur la croissance économique et le profit privé, mais sur la dignité humaine et la défense des communs. À la mondialisation par le haut, imposée par les élites économiques et politiques réunies chaque année au Forum économique mondial (FEM) de Davos, est venue s'opposer la mondialisation par le bas construit par l'ensemble des altermondialistes qui se rassemblent, notamment au FSM.

> Le Forum social mondial est un espace de rencontre ouvert visant à approfondir la réflexion, le débat d'idées démocratique, la formulation de propositions, l'échange en toute liberté d'expériences, et l'articulation en vue d'actions efficaces, d'instances et de mouvements de la société civile qui s'opposent au néolibéralisme et à la domination du monde par le capital et toute forme d'impérialisme, et qui s'emploient à bâtir une société planétaire axée sur l'être humain.
>
> Charte de principes du FSM, article 1[1]

L'altermondialisme est donc un monde idéal en gestation, que ses partisanes et partisans tentent de construire au jour le jour dans les gestes de la vie quotidienne, mais aussi en se rassemblant dans des mouvements collectifs.

## Un ensemble de mouvements

Dès la fin des années 1990, il est apparu aux altermondialistes que cette volonté d'imposer à la planète entière un modèle unique de société mercantile centré sur le profit à court terme, une culture de la consommation effrénée et l'absence de tout esprit critique, était vouée à l'échec. Guerre au terrorisme, crises écologique, alimentaire, économique et financière sont autant de phénomènes qui ont révélé une crise plus profonde, celle du modèle productiviste de la civilisation industrielle et urbaine, né dans l'Europe du 19e siècle puis imposé au reste du monde avec la colonisation, puis la mondialisation.

Ce à quoi le monde assiste désormais, c'est à une révolte de toutes ces ressources exploitées, naturelles ou humaines, que ce soit la terre, l'air, l'eau, les paysans, les Autochtones, les jeunes, les femmes, les précaires et autres exclus de toutes sortes. De la rébellion zapatiste du Chiapas

1. FORUM SOCIAL MONDIAL DES ÉCONOMIES TRANSFORMATRICES. « Charte de principes du Forum social mondial », [En ligne]. [https://transformadora.org/fr/fsmet/principes.] (Consulté le 21 février 2022).

mexicain, aux manifestations de Seattle, Gênes ou Québec, en passant par la Marche mondiale des femmes (MMF), les forums sociaux, le Printemps arabe, les Indignés, *Occupy* et *Extinction Rebellion*, ce qui rassemble cette multitude de mouvements et de formes de contestation, c'est l'opposition à la mondialisation néolibérale et la volonté de construire d'autres modèles de société.

> La mondialisation avec ses chances et surtout ses périls a créé une communauté de destin pour tous les humains. Nous devons tous affronter la dégradation écologique, la multiplication des armes de destruction massive, l'hégémonie de la finance sur nos États et nos destins, la montée des fanatismes aveugles. Paradoxalement c'est au moment où l'on devrait prendre conscience solidairement de la communauté de destin de tous les terriens que sous l'effet de la crise planétaire et des angoisses qu'elle suscite, partout on se réfugie dans les particularismes ethniques, nationaux, religieux. Nous appelons chacun à la prise de conscience nécessaire et aspirons à sa généralisation pour que soient traités les grands problèmes à l'échelle de la planète.
>
> Edgar Morin[2]

L'émergence de l'altermondialisme coïncide avec l'affirmation sur la scène politique de la société civile mondiale. Ce terme désigne l'ensemble des gens qui, partout sur la planète, s'organisent en dehors de la sphère marchande ou étatique afin de défendre des causes sociales. Elle rassemble les Organisations non gouvernementales (ONG), le mouvement écologiste, les syndicats, les groupes de femmes, les groupes populaires et les associations citoyennes les plus diverses. L'objectif du mouvement altermondialiste est donc de promouvoir un projet de société alternatif à celui porté par la mondialisation néolibérale, de construire un « altermonde » à partir des mobilisations menées à différentes échelles par toutes sortes de groupes. Dans cette aventure, la société civile mondiale doit donc peser de tout son poids pour changer la face de la mondialisation.

## Des propositions

Selon cette vision altermondialiste, un autre monde est non seulement possible et nécessaire, mais il est aussi déjà en construction à travers une très grande multitude d'expérimentations qui se déclinent à toutes les échelles, du local au mondial, et qui permettent de préfigurer les transformations jugées nécessaires pour sortir du paradigme dominant. Le défi est de pouvoir en rendre compte.

Ces différentes propositions s'inscrivent dans la perspective ouverte par les théories du post-développement. Ces théories ont émergé dans les

2. Extrait de l'Appel citoyen « Changeons de Voie, changeons de Vie ! » lancé par Edgar Morin lors de l'Université d'Utopia, [En ligne], le 24 septembre 2016 à Mandelieu-la-Napoule (France). [https://levillagesystemique.be/article/changeons-de-voie-changeons-de-vie-lappel-dedgar-morin-60] (Consulté le 21 février 2022).

années 1960 à partir d'une réflexion critique sur les fondements de l'économie, mais aussi du constat d'échec des politiques de développement. Elles rassemblent des chercheurs et des activistes du Nord comme du Sud qui sont porteurs d'analyses et d'expériences novatrices sur le plan économique, social et culturel. Elles rejettent, pour la plupart, les modèles globaux et prônent une vision positive de la diversité qui mise sur l'autonomie créative de tous ceux et celles qui, au stade individuel ou collectif, se conçoivent comme les artisans d'un changement social salutaire pour l'humanité. Comme le scandaient les participants et les participantes au campement intercontinental de la jeunesse du FSM de Porto Alegre en 2005 : « Plutôt qu'une solution de masse, une masse de solutions ». Selon cette approche, changer le monde commence par se changer soi-même, en pensant et agissant différemment, et cela se poursuit dans son quartier, son école, sa communauté, sa ville, sa région, son pays, sa planète. Cela peut débuter en relayant un message, en posant un geste, en suscitant des discussions, en travaillant autrement, en votant avec conscience, en consommant différemment, en donnant et en recevant, etc., et dans tous les cas, cela se fait dans l'ouverture et la relation à l'autre.

> L'après-développement [...] est nécessairement pluriel. Il s'agit de la recherche de modes d'épanouissement collectif dans lesquels ne serait pas privilégié un bien-être matériel destructeur de l'environnement et du lien social. L'objectif de la bonne vie se décline de multiples façons selon les contextes. En d'autres termes, il s'agit de reconstruire de nouvelles cultures. Cet objectif peut s'appeler l'*umran* (épanouissement) comme chez Ibn Kaldûn, *swadeshi-sarvodaya* (amélioration des conditions sociales de tous) comme chez Gandhi, ou *bamtaare* (être bien ensemble) comme chez les Toucouleurs, ou de tout autre nom. L'important est de signifier la rupture avec l'entreprise de destruction qui se perpétue sous le nom de développement, ou aujourd'hui de mondialisation. Pour les exclus, pour les naufragés du développement, il ne peut s'agir que d'une sorte de synthèse entre la tradition perdue et la modernité inaccessible. Ces créations originales dont on peut trouver ici ou là des commencements de réalisation ouvrent l'espoir d'un après-développement. Il faut tout à la fois penser et agir globalement [*sic*] et localement. Ce n'est que dans la fécondation mutuelle des deux approches que l'on peut tenter de surmonter l'obstacle du manque de perspectives immédiates.
>
> Manifeste du Réseau européen pour l'après-développement (READ)[3]

Le mouvement altermondialiste rassemble ainsi une diversité d'acteurs, de causes, de tactiques et d'aspirations. Cette diversité peut parfois susciter des tensions et des divisions internes, c'est inévitable, mais elle peut aussi constituer une force. L'altermondialisme explore une nouvelle culture politique qui ne cherche pas à être homogène, mais essaie plutôt de reconnaître le potentiel transformateur des initiatives de changement social mises en réseau. Certes, il est important de partager de grandes valeurs et des idéaux,

3. « Manifeste du Réseau européen pour l'après-développement (READ) », *Revue du MAUSS*, vol. 2, n° 20, 2002, p. 93-94.

mais il convient aussi de permettre à chacune et à chacun de définir ses actions propres et ses priorités dans le respect des autres. Cette conception horizontale et participative du changement social permettrait d'ancrer le processus de transformation plus profondément dans le quotidien, assurant ainsi sa durabilité.

Cependant, s'il encourage la diversité des initiatives et des stratégies, l'altermondialisme se structure tout de même autour d'un socle de revendications partagées. Il s'oppose à la domination du monde par le capital et la finance mondialisée, notamment en prônant l'abolition des paradis fiscaux, l'imposition de la taxe Tobin, la promotion de l'économie sociale et solidaire et d'une organisation du travail plus autogérée. Il rejette toutes formes d'impérialisme en encourageant des politiques de désarmement, l'abolition des bases militaires à l'étranger et en soutenant les revendications d'indépendance des peuples soumis (Palestiniens, Sahraouis, Kurdes du Rojava, etc.). Il défend la justice sociale en soutenant les services publics (santé et éducation) et les mesures de protection sociale (revenu minimum et assurance sociale) afin de lutter contre l'approfondissement des inégalités. Il lutte contre le saccage de l'environnement en revendiquant les droits de la Terre mère, en s'opposant à l'extractivisme et à la civilisation du pétrole et en exigeant la sortie du nucléaire. Il revendique l'égale dignité et la non-discrimination systémique, qu'elle soit de genre, de race ou de condition, notamment par le biais de la reconnaissance de droits pour toutes et tous. Finalement, il prône la souveraineté des peuples et l'autonomie des communautés en réaffirmant les droits territoriaux et ancestraux des peuples autochtones et des paysans contre l'accaparement des terres et en luttant contre le brevetage des connaissances et du vivant.

Pour résumer, l'altermondialisme souhaite libérer l'énergie créatrice et la pensée afin de susciter la convergence des êtres humains de bonne volonté, des groupes de la société civile et des gouvernements soucieux d'un avenir meilleur. La succession des différentes vagues de mobilisations contre la mondialisation néolibérale depuis 30 ans a ouvert l'univers des possibles et stimulé l'utopisme militant. Un archipel de mondes alternatifs semble en train d'émerger autour de la justice climatique, de la souveraineté alimentaire, du commerce équitable, du travail décent, de la démocratie participative, de la décroissance conviviale et du *buen vivir*. Autant de principes fondateurs d'un nouveau vivre-ensemble qui se veut local et durable, créateur de lien social et source de bonheur, avec le souci du commun en partage.

## Pour en savoir davantage

### *Ouvrages de référence*

ATTAC-FRANCE. *Le monde qui émerge : les alternatives qui peuvent tout changer*, Paris, Les liens qui libèrent, 2017.

BEAUDET, Pierre, Raphaël CANET et Marie-Josée MASSICOTTE. *L'altermondialisme : forums sociaux, résistances et nouvelle culture politique*, Montréal, Écosociété, 2010.

SONDARJEE, Maïka. *Perdre le Sud : décoloniser la solidarité internationale,* Montréal, Écosociété, 2020.

### *Sites Web*

CONVIVIALISME. *Page d'accueil,* [En ligne], s. d. [https://convivialisme.org/].

COOPÉRATIVE CITOYENNE D'ÉDUCATION POPULAIRE. « Page d'accueil », *Mouvement Utopia,* [En ligne], 2022. [https://mouvementutopia.org/].

PLATEFORME ALTERMONDIALISTE. *Page d'accueil,* [En ligne], s. d. [https://alter.quebec/].

# 2 Le monde reconstruit par le néolibéralisme

*There is no alternative.*

Margaret Thatcher

L'altermondialisme s'est donné comme projet de transformer le monde. Mais de quel monde parle-t-on au juste ? Pour bien comprendre la portée du processus de changement social que suppose l'altermondialisme, il importe de saisir au préalable le monde néolibéral qu'il entend dépasser. Pour cela, nous verrons tout d'abord ce qu'est le néolibéralisme et comment il s'est imposé, puis nous explorerons son projet majeur : la mondialisation néolibérale. Finalement, nous verrons en quoi ce monde néolibéral dans lequel nous vivons désormais est fracturé par les inégalités.

## Le triomphe du néolibéralisme

Tout comme l'altermondialisme, le néolibéralisme est une idéologie. Il apparaît à la fin des années 1930 chez quelques penseurs qui s'inquiètent du contexte économique (crise des années 1930) et politique (montée des fascismes) et surtout du rôle de plus en plus important joué par l'État dans l'économie et la société. Dans leur perspective, l'interventionnisme étatique mène tout droit à la dictature, car il brime les libertés individuelles. Ils entendent donc renouer avec les racines du libéralisme classique, mais en privilégiant sa dimension économique. Pour la pensée néolibérale, la défense de la liberté se résume essentiellement à garantir la libre entreprise, la propriété privée et le marché concurrentiel.

À partir des années 1950, le néolibéralisme se développe en marge du paradigme économique dominant de l'après-guerre, le keynésianisme. Il s'implante progressivement dans le milieu universitaire, puis dans le monde médiatique. Avec la création du FEM à Davos (Suisse) en 1971, une nouvelle étape est franchie dans la construction de ce réseau mondial qui promeut le néolibéralisme. Désormais, l'élite économique et politique mondiale allait disposer de son rendez-vous annuel afin d'harmoniser leurs différentes stratégies pour relever l'ambitieux défi de construire un marché mondial libéralisé.

Les premières politiques néolibérales sont expérimentées au Chili, à la suite du coup d'État militaire du général Pinochet (1973). Pendant près d'une dizaine d'années, les *Chicago Boys* vont implanter dans le pays une série de réformes

structurelles (libéralisation des prix et des échanges commerciaux, libéralisation du marché financier et des flux internationaux des capitaux, privatisation des entreprises publiques et réduction de la taille du secteur public, suppression des droits syndicaux, réforme fiscale pour réduire les impôts directs, implantation du système de retraite par capitalisation, etc.) qui préfigureront ce qui deviendra plus tard le « consensus de Washington », la recette néolibérale.

L'arrivée au pouvoir de Margaret Thatcher au Royaume-Uni (1979) et celle de Ronald Reagan aux États-Unis (1980) viendront par la suite consacrer le changement de paradigme dans la politique économique des pays du Nord. Dès lors, tous allaient progressivement adopter le néolibéralisme, non sans heurts avec les mouvements sociaux et les syndicats, comme cela a été le cas au Royaume-Uni et aux États-Unis durant les années 1980. À l'échelle internationale, le Fonds monétaire international (FMI) et la Banque mondiale, bientôt rejoints par l'Organisation mondiale du commerce (OMC), vont devenir les principaux instruments de l'imposition des politiques néolibérales à l'ensemble de la planète.

Le néolibéralisme s'impose donc politiquement au début des années 1980. En inspirant les politiques économiques mises en œuvre par les gouvernements et les institutions économiques internationales, les élites néolibérales vont se donner les moyens de transformer le monde selon leur vision.

> Quel type de capitalisme voulons-nous ? C'est probablement une des questions majeures de notre époque. Une question à laquelle nous nous devons de répondre habilement, si nous voulons que notre système économique soit encore viable pour les générations futures. Il existe trois modèles. Le premier est le « capitalisme actionnarial » qui considère la recherche du profit comme l'objectif premier des entreprises. Il est ainsi devenu une référence pour de nombreuses sociétés occidentales. Le second est le « capitalisme d'État ». Ce modèle confie à l'État le soin d'établir l'orientation économique du pays. Un modèle qui a largement inspiré les marchés émergents, notamment en Chine. Je prônerais plutôt un troisième modèle, celui du « capitalisme des parties prenantes ». Un modèle que j'ai proposé pour la première fois il y a un demi-siècle. Il considère les entreprises privées comme les dépositaires de la société, et incarne ainsi la meilleure réponse face aux défis sociaux et environnementaux d'aujourd'hui.
>
> Klaus Schwab[1]

## L'avènement de la mondialisation néolibérale

Avec le triomphe du néolibéralisme, la priorité des gouvernements devient la stimulation de la croissance économique par l'approfondissement des échanges commerciaux à l'échelle mondiale. L'État et sa propension à la

1. Klaus SCHWAB, « Quel type de capitalisme souhaitons-nous vraiment ? » (traduction de « What Kind of Capitalism Do We Want ? » paru dans *Project Syndicate*), *Les Echos*, [En ligne], 2 décembre 2019. [https://www.lesechos.fr/idees-debats/cercle/opinion-quel-type-de-capitalisme-souhaitons-nous-vraiment-1152983] (Consulté le 21 février 2022).

réglementation dans un cadre national sont mis au banc des accusés, alors qu'est proclamée la suprématie du marché mondial dans l'allocation des ressources, donc la satisfaction des besoins. Pour atteindre la prospérité, il suffirait d'appliquer des réformes structurelles conformes aux préceptes macroéconomiques néolibéraux (privatisation, libéralisation et déréglementation) afin de créer les conditions propices aux investissements privés et au développement du marché. La recette semblait simple et universalisable. Une nouvelle solution mondiale s'imposait.

La chute du mur de Berlin (1989) et la dislocation de l'Union soviétique (1991) sont venues renforcer l'imposition du modèle néolibéral en symbolisant la faillite du socialisme. Désormais, il n'y aurait plus d'alternative au marché néolibéral comme le clamait Margaret Thatcher. Nous aurions atteint la fin de l'histoire et le triomphe de la démocratie libérale couplée à cette économie de marché allait résoudre tous les problèmes.

Remarquons toutefois que cette « mondialisation heureuse » n'a pas toujours été accueillie les bras ouverts. Car, si elle a été négociée entre la plupart des pays du Nord, dans le cadre notamment de la signature d'accords de libre-échange puis de la création de l'OMC en 1994, la mondialisation néolibérale a largement été imposée aux pays du Sud. La hausse brutale des taux d'intérêt au début des années 1980, résultant d'une politique monétaire très agressive de la part des États-Unis, a plongé nombre de pays, qui s'étaient largement endettés pour financer leurs projets de développement à la suite de leur indépendance, dans une profonde crise de la dette. Afin de ne pas tomber en défaut de paiement, ces pays du Sud ont alors eu recours aux institutions financières internationales, notamment le FMI, qui leur a accordé des prêts conditionnels à l'adoption de Programmes d'ajustement structurel (PAS) visant à néolibéraliser leur économie. Dans les pays du Nord, la classe moyenne et les couches populaires accusent le coup, avec la stagnation des revenus, le recul de leur pouvoir d'achat et la détérioration des services publics.

Le FMI et la Banque mondiale ont ainsi agi tels des gendarmes de la mondialisation en imposant aux États financièrement défaillants les réformes néolibérales. L'OMC, quant à elle, va juridiquement construire la mondialisation néolibérale en multipliant la signature d'accords commerciaux et financiers qui tissent entre les États des liens d'obligations et d'engagements afin de garantir l'ouverture de leurs frontières aux flux de marchandises, de services et de capitaux. Il existe à ce jour près de 600 accords commerciaux et plus de 3000 accords financiers en vigueur ou en cours de négociation.

## Un monde d'inégalités

La mondialisation néolibérale a fortement stimulé le commerce et la production de richesse. Depuis 1980, le Produit mondial brut (PMB), c'est-à-dire la valeur totale de tous les biens et services produits sur l'ensemble de la planète chaque année, a été multiplié par 8 (il est passé de 11 000 milliards de $ US en 1980 à plus de 87 000 milliards de $ US en 2019), tout comme le volume mondial des échanges commerciaux entre pays. Par ailleurs, les flux d'investissements (les investissements directs étrangers, moteurs des délocalisations d'entreprises) ont été multipliés par 26, passant de

50 milliards de $ US en 1980 à plus de 1 300 milliards de $ US en 2019 (avec un pic à plus de 3 000 milliards de $ US en 2007)[2].

La mondialisation néolibérale fonctionne donc très bien pour une certaine élite. Il n'y a jamais eu autant de milliardaires et de millionnaires dans le monde qu'aujourd'hui. Le problème, c'est que cette immense richesse produite n'a jamais été aussi inégalement répartie.

Le Laboratoire sur les inégalités mondiales révélait dans son rapport de 2022 que les inégalités ont fortement augmenté à l'échelle mondiale depuis les années 1980, mais à des rythmes différents selon les régions du monde[3]. Elles ont rapidement augmenté en Amérique du Nord, en Inde et en Russie. Cette croissance a été plus modérée en Europe et en Chine, notamment grâce à des politiques publiques égalitaristes qui ont freiné le phénomène. Par ailleurs, au Moyen-Orient, en Afrique subsaharienne et au Brésil, les inégalités sont restées relativement stables, mais à des niveaux très élevés. Ces régions du monde semblent en passe de devenir le modèle fortement inégalitaire vers lequel tous les autres tendent à cheminer.

> Depuis le début du 21e siècle, la concentration des richesses aux mains d'une élite ne cesse de s'intensifier. Le nombre total de milliardaires a presque doublé dans les dix années qui ont suivi la crise financière de 2008. En 2017 et 2018, le monde comptait un nouveau milliardaire tous les deux jours. Ce gouffre béant entre les plus riches et le reste du monde est notamment alimenté par des niveaux élevés et persistants d'inégalités de revenus. [...] D'après le Laboratoire sur les inégalités mondiales, entre 1980 et 2016, les 1 % les plus riches ont capté 27 % de la croissance du revenu mondial. C'est plus du double de la part captée par les 50 % les plus pauvres. Du fait de ces inégalités extrêmes, des milliards de personnes menaient déjà une vie précaire lorsque la pandémie a frappé. Elles n'avaient ni les ressources ni le soutien nécessaires pour résister à la tempête sociale et économique que la pandémie a déclenchée. Plus de trois milliards de personnes n'avaient pas accès aux soins de santé, les trois quarts des travailleuses et des travailleurs n'avaient accès à aucune protection sociale (allocation chômage ou congés maladie, par exemple), et dans les pays à revenu faible et intermédiaire de la tranche inférieure, plus de la moitié des travailleurs et travailleuses étaient en situation de pauvreté.
>
> OXFAM International[4]

2. Toutes ces données sont disponibles sur le site de la Banque mondiale : https://donnees.banquemondiale.org/.

3. https://wir2022.wid. world (Consulté le 14 mars 2022).

4. Esmé BERKHOUT, Nick GALASSO, Max LAWSON, *et al.*, *Le virus des inégalités : réunifier un monde déchiré par le coronavirus grâce à une économie équitable, durable et juste*, [Fichier PDF], janvier 2021. [https://oxfam.qc.ca/wp-content/uploads/rapport-virus-inegalites.pdf] (Consulté le 21 février 2022).

## Pour en savoir davantage

### *Ouvrages de référence*

BADIE, Bertrand, et Dominique VIDAL (dir.). *Un monde d'inégalités : l'état du monde 2016*, Paris, La Découverte, 2017.

HARVEY, David. *Brève histoire du néolibéralisme*, Paris, Les Prairies ordinaires, 2014.

### *Sites Web*

LABORATOIRE SUR LES INÉGALITÉS MONDIALES. *Page d'accueil*, [En ligne], s. d. [https://inequalitylab. world/fr/].

OXFAM INTERNATIONAL. *Page d'accueil*, [En ligne], 2021. [https://www. oxfam.org/].

# SECTION 2
# LE PARCOURS

## 3 L'étincelle du Chiapas

*Le zapatisme n'est pas seulement une résistance, il représente aussi une option, une possibilité de construire une relation humaine différente, fondée sur la conviction qu'un autre monde est possible.*

Sous-commandant Marcos

Des mouvements populaires se sont opposés au néolibéralisme dès qu'ils ont pris conscience des conséquences sociales et des incidences directes sur leur vie quotidienne que ce modèle économique leur imposait. Ces mouvements se sont tout d'abord manifestés dans les pays du Sud qui ont été soumis dès la fin des années 1970 aux PAS. Avec l'insurrection zapatiste dans le Sud-Est mexicain en 1994, cette contestation va prendre de l'ampleur et dépasser le cadre restreint des luttes locales. Progressivement, des liens se tissent et la critique du néolibéralisme devient le point de convergence de nombreux mouvements sociaux à l'échelle planétaire.

### Les premiers soulèvements au Sud

Il faut chercher les premiers signes de la contestation sociale du néolibéralisme dans les pays qui ont été les premiers touchés par ses réformes économiques et qui ne disposaient pas de filets sociaux pour en atténuer temporairement les conséquences draconiennes pour leurs populations.

Le Pérou a adopté en 1977 des PAS lui imposant de réduire de 33 % le budget de l'État. Cela s'est notamment traduit par la suppression des aides publiques sur le carburant, les transports et l'alimentation qui a directement conduit à l'explosion des prix touchant ainsi les populations les plus défavorisées. En 1979, le pays a été en proie aux émeutes et à la grève générale que le gouvernement a réprimée en votant la loi martiale et en emprisonnant les chefs syndicaux. En Tunisie en 1983, le FMI recommande au gouvernement de hausser les prix des céréales afin d'augmenter ses revenus et ainsi rembourser sa dette. En décembre de la même année éclatent les émeutes du pain. Ce sont les premières émeutes de la faim de la période néolibérale. Elles se solderont par plus de 150 morts et la proclamation de l'état d'urgence. En Jamaïque, les PAS appliqués de 1981 à 1985 conduisent à une réduction de 40 % des dépenses en éducation et de 33 % de celles en santé. En Bolivie, les dépenses en santé chutent de 72 % entre 1980 et 1982, et les salaires réels diminuent de 75 % entre 1980 et 1984. Au Brésil, les PAS de 1983 imposent notamment de limiter les subventions agricoles, ce qui mène à un recul de 13 % de la production vivrière, et le gouvernement en vient à estimer, en 1985, que les deux-tiers de la population de ce pays souffrent de la faim[1].

Devant de telles situations, les populations se soulèvent et manifestent un peu partout en Afrique, en Asie et en Amérique latine. Ces contestations prenaient la forme d'actions localisées avec des revendications très précises touchant des secteurs directement menacés par les réformes économiques qui étaient imposées à chaque pays. Le scénario se reproduit aux Philippines, en Bolivie, en Zambie, au Kenya, au Sénégal, en Côte d'Ivoire, en Haïti, au Venezuela, etc.

## 1er janvier 1994 : Ya Basta !

À l'époque, le lien entre toutes ces formes de contestation n'était pas clairement établi. La mondialisation tout comme le néolibéralisme demeuraient des concepts flous. L'insurrection zapatiste au Mexique en 1994, dont le nom fait symboliquement référence à Emiliano Zapata, héros de la révolution mexicaine (1910-1920), chef de l'Armée libératrice du Sud et leader des paysans pour la réforme agraire, est venue changer la donne. Pour la première fois, le néolibéralisme était directement dénoncé, une pensée critique synthétique s'élaborait, un besoin de se rassembler par-delà les frontières prenait forme.

Le 1er janvier 1994, jour de l'entrée en vigueur de l'Accord de libre-échange nord-américain (ALENA) qui, pour le gouvernement mexicain, symbolisait l'entrée du pays dans la modernité et le Premier monde, les populations autochtones en armes sortent de la forêt Lacandone pour occuper quelques villes et villages de l'État du Chiapas. L'Armée zapatiste de libération nationale (EZLN) sortait de la clandestinité avec pour slogan *Ya Basta !* (Ça suffit !). La confrontation armée a été relativement brève, elle n'a duré que 12 jours. Très vite, un cessez-le-feu est décrété. Les zapatistes renoncent à marcher sur Mexico pour renverser le gouvernement et ils prennent le contrôle d'une partie du Chiapas, un territoire grand comme le Nouveau-Brunswick qui rassemble 27 municipalités et une population de plus de 250 000 personnes. Depuis, ces territoires sont considérés comme autonomes de l'État mexicain et gérés directement par les communautés zapatistes.

L'apport du mouvement zapatiste a été d'avoir fait le lien entre une problématique locale (l'accès à la terre des paysans pauvres et des communautés

---

1. Richard BERGERON, *L'anti-développement : le prix du libéralisme*, Paris, L'Harmattan, 2000.

autochtones remis en question par la révision de l'article 27 de la constitution mexicaine de 1917 qui avait permis de démembrer les *latifundia* et de redistribuer les terres aux communautés paysannes), une dynamique de contestation continentale (le réveil des mouvements autochtones dans l'ensemble des Amériques autour de la célébration du 500e anniversaire de la « découverte » de l'Amérique par Colomb) et l'émergence mondiale de la critique du néolibéralisme.

> Nous sommes le produit de 500 ans de lutte, d'abord contre l'esclavage, durant la guerre d'Indépendance contre l'Espagne menée par les insurgés, ensuite contre les tentatives d'expansionnisme nord-américain, puis pour promulguer notre Constitution et expulser l'Empire français de notre sol, enfin contre la dictature porfiriste qui refusa une juste application des lois issues de la Réforme. Du peuple insurgé formant ses propres chefs surgirent Villa et Zapata, des pauvres comme nous, à qui on a toujours refusé la moindre formation, destinés que nous étions à servir de chair à canon, afin que les oppresseurs puissent piller impunément les richesses de notre patrie, sans qu'il leur importe le moins du monde que nous mourions de faim et de maladies curables ; sans qu'il leur importe que nous n'ayons rien, absolument rien, ni un toit digne de ce nom, ni terre, ni travail, ni soins, ni ressources alimentaires, ni instruction, n'ayant aucun droit à élire librement et démocratiquement nos propres autorités, sans indépendance aucune vis-à-vis de l'étranger, sans paix ni justice pour nous et nos enfants.
>
> Déclaration de l'Armée zapatiste de libération nationale (EZLN)[2]

Les zapatistes ont aussi cherché à mettre en pratique leur vision d'un autre monde possible. Depuis 2003, le territoire zapatiste est organisé en cinq *caracoles*, disposant chacun d'un « Conseil du bon gouvernement » qui gère un réseau d'infrastructures communes en éducation, en santé, en écoagriculture et en communication. Les zapatistes ont mis sur pied plus de 500 écoles, 2 banques, 5 hôpitaux équipés de salles de chirurgie et des dizaines de coopératives. Ils ont aussi inventé une forme inédite de gouvernement, une autre manière d'organiser la vie sociale et de rendre la justice.

Ainsi, en mettant de l'avant l'identité autochtone et la conquête de l'autonomie territoriale, en réaffirmant l'importance de l'ancrage dans la culture locale et la protection des milieux de vie, le zapatisme souhaite démontrer par la pratique, encore aujourd'hui, qu'il est possible de vivre différemment, qu'il existe plusieurs mondes dans ce monde.

## Une prise de conscience planétaire

C'est dans le but de faciliter l'émergence d'une compréhension commune des conséquences sociales du néolibéralisme et d'articuler les actions de

2. Comité de solidarité avec les peuples du Chiapas en lutte, « Première déclaration de la forêt Lacandone : Aujourd'hui, nous disons Basta ! », [En ligne], 1er janvier 1994. [https://cspcl.ouvaton.org/spip.php?article14] (Consulté le 21 février 2022).

résistance au-delà des espaces nationaux que sont nées les grandes rencontres altermondialistes. La première du genre a été la « Rencontre intercontinentale pour l'humanité et contre le néolibéralisme », organisée par les zapatistes durant l'été 1996 au Chiapas, qui a rassemblé quelques milliers de participantes et participants issus de 42 pays. Suivront ensuite les manifestations de Seattle contre l'OMC (1999), puis lors de chaque réunion au sommet des instances de la mondialisation néolibérale (FMI, Banque mondiale, G8, Davos, etc.), en passant par Québec en 2001 contre la ZLEA (voir le chapitre suivant). La plus massive de toutes sera la manifestation contre le G8 à Gênes, en Italie en juillet 2001. Près de 200 000 personnes prendront part aux différentes actions qui seront alors menées pour dénoncer, comme il était alors d'usage de le faire dans la mouvance altermondialiste, la fracture du monde entre une poignée de pays qui s'arrogent le droit de dominer les autres et les peuples du monde entier. Ceci a été l'apogée des mobilisations qui, depuis 1994, visaient à faire entrave à la marche inexorable vers l'imposition d'un marché mondial libéralisé.

## Pour en savoir davantage

### *Ouvrages de référence*

BASCHET, Jérôme. *L'étincelle zapatiste : insurrection indienne et résistance planétaire,* Paris, Denoël, 2002.

Sous-commandant MARCOS et Yvon LE BOT. *Le rêve zapatiste,* Paris, Seuil, 1997.

### *Sites Web*

ARMÉE ZAPATISTE DE LIBÉRATION NATIONALE (EZLN). *Page d'accueil,* [En ligne], s. d. [http://enlacezapatista.ezln.org.mx/].

COMITÉ DE SOLIDARITÉ AVEC LES PEUPLES DU CHIAPAS EN LUTTE. *Page d'accueil,* [En ligne], 1996. [http://cspcl.ouvaton.org/].

# 4 Le Sommet des peuples des Amériques

*Je garde en mémoire des images très claires de grandes manifestations, de gaz lacrymogène qui empoisonnait l'air, du mur de la honte qui a été renversé, de la présence policière partout et des hélicoptères qui survolaient la ville.* [...] *J'y ai appris la certitude qu'il est possible d'accomplir de grandes choses lorsqu'on est animé par la conviction que notre cause est juste.*

Julie Martineau (étudiante à Québec en 2001)

Au tournant des années 2000, le monde a constaté la multiplication de manifestations contre les institutions internationales à vocation économique ciblées comme les porte-étendards de la mondialisation néolibérale. À chaque réunion au sommet des chefs d'État portant sur le sujet, les altermondialistes se rassemblaient dans des événements parallèles, les sommets des peuples, et occupaient la rue pour manifester leur dissidence à l'égard du consensus affiché par la classe dirigeante.

En avril 2001, les altermondialistes des Amériques se sont donné rendez-vous à Québec pour exprimer leur opposition au projet de Zone de libre-échange des Amériques (ZLEA). Ce nouvel accord de libre-échange se situait dans la continuité de l'ALENA et visait à étendre les conditions de l'entente signée entre les trois grands pays nord-américains à l'ensemble des Amériques. Quelques semaines seulement après le premier FSM de Porto Alegre qui avait rassemblé près de 20 000 personnes, la mobilisation a été étonnante. Le Sommet de Québec a rassemblé des militants et militantes de tous horizons (syndicats, associations étudiantes, mouvements de femmes, écologistes, groupes citoyens et de défense des droits, organisations de solidarité et de coopération internationale, regroupements religieux progressistes, etc.) afin de participer au Sommet des peuples, aux manifestations et autres actions de désobéissance civile. Cinquante mille personnes ont pris part à la Marche des peuples des Amériques, ce qui, dans les rues d'une ville comme Québec, était du jamais vu pour ce type de manifestation.

## Les racines de la mobilisation

Si l'appel du Chiapas avait sonné l'alarme sur le danger que représentaient les politiques néolibérales et le libre-échange, les manifestations de Seattle en décembre 1999 contre l'OMC ont aussi frappé les imaginaires. Elles ont fait la double démonstration qu'il était d'une part possible de faire obstacle aux institutions dominantes, même au cœur de la première puissance mondiale et, d'autre part, que les mouvements sociaux pouvaient unir leurs forces contre le néolibéralisme, comme en a alors témoigné le rapprochement entre le mouvement syndical des États-Unis et les autres mouvements sociaux, notamment écologistes et féministes. Avec ses 50 000 manifestants et manifestantes, Seattle a été la première d'une série de mobilisations massives. En avril 2000, 30 000 personnes ont défilé dans les rues de Washington pour dénoncer les politiques du FMI et de la Banque mondiale. Ils étaient 15 000 en septembre de la même année à Prague (République tchèque) contre ces deux mêmes organisations. En décembre 2000 à Nice (France), plus de 60 000 personnes ont manifesté à l'occasion du Sommet de l'Union européenne (UE) pour réclamer une Europe plus sociale. Dans cette suite de manifestations, dont l'apogée a été atteint à Gênes (Italie) en juillet 2001 où 200 000 personnes ont protesté contre le G8, Québec occupe une place symbolique importante. C'est là que des barrières métalliques ont été érigées pour la première fois afin de séparer les décideurs des manifestants, illustrant cette fracture grandissante entre les populations et les gouvernements, entre les perdants et les gagnants de la mondialisation.

Au Québec, par ailleurs, le terrain avait été préparé par la mobilisation contre l'Accord multilatéral sur les investissements (AMI) en mai 1998, à l'occasion de la rencontre à Montréal des représentants gouvernementaux de l'Organisation de coopération et de développement économiques (OCDE). Quelques centaines de militantes et militants regroupés sous la bannière de l'Opération SalAMI avaient alors bloqué de manière non-violente l'hôtel où devait se tenir la réunion. Près d'une centaine de personnes ont été arrêtées. Elles ont été condamnées à des travaux communautaires. Le réseau de l'Opération SalAMI a participé par la suite aux mobilisations entourant la tenue du Sommet de Québec en effectuant une « perquisition citoyenne » qui a forcé la publication de documents de négociation confidentiels de la ZLEA, notamment le projet d'accord qui prévoyait d'inclure une clause relative aux investissements inspirée du chapitre 11 de l'ALENA qui était fortement critiqué par les activistes, peu de temps avant le jour de la tenue du Sommet.

## L'Alliance sociale continentale

La rencontre des 34 chefs d'État des Amériques (soit les dirigeants de tous les pays de la région à l'exception de Cuba) à Québec pour discuter de la ZLEA était le troisième Sommet des Amériques, après ceux de Miami (1994) et de Santiago (1998). C'est à l'occasion du second Sommet des chefs d'État au Chili que le premier Sommet des peuples s'est tenu, initié par une alliance toute jeune, l'Alliance sociale continentale (ASC). Celle-ci a été créée par la convergence de coalitions qui existaient chacune dans leur hémisphère respectif et qui regroupaient des centrales syndicales, mais aussi des mouvements sociaux et des groupes de recherche.

En Amérique du Nord, quatre réseaux (du Mexique, des États-Unis, du Canada et du Québec) avaient déjà établi des contacts à la faveur des discussions entourant l'ALENA. Le Réseau québécois sur l'intégration continentale (RQIC) y participait et regroupait les syndicats et d'autres mouvements sociaux du Québec. En Amérique du Sud, les négociations dans le cadre du Marché commun du Sud (MERCOSUR), un accord de commerce qui intégrait la société civile, avaient favorisé le réseautage transnational, mené notamment par les organisations syndicale, paysanne et politique du Brésil.

Cette convergence continentale des mouvements sociaux autour des accords de libre-échange a permis de dynamiser la mobilisation vers le Sommet de Québec. Une consultation populaire, la *consulta*, a été entreprise par les groupes associés à l'ASC dans les deux Amériques pour stimuler l'éducation populaire autour de ces enjeux. Le mouvement syndical québécois a joué un rôle important pour appuyer la mobilisation en concertation avec d'autres mouvements sociaux et organisations citoyennes. De plus, l'originalité des deux premiers Sommets des peuples, au Chili comme au Québec, réside dans la tenue d'un forum parallèle pour débattre de solutions de rechange au néolibéralisme. On retrouve une même approche dans les Forums sociaux mondiaux qui, miroirs inversés du Forum économique de Davos, visent à développer des propositions alternatives au modèle dominant (voir chapitre 7).

## La désobéissance civile

Le Sommet des Amériques à Québec est entré dans l'histoire en raison des mobilisations qu'il a suscitées, plus que par le fruit des discussions entre chefs d'État. Opération Québec Printemps 2001 (OQP 2001), du nom donné à la protestation, est surtout demeurée dans les mémoires à cause des mesures sécuritaires qui ont entouré l'événement et notamment la grande quantité de gaz lacrymogènes déployée par les forces de l'ordre pour disperser les manifestants et manifestantes qui avaient pris d'assaut les clôtures entourant le site du Sommet officiel. Près de 400 personnes ont été arrêtées.

Les divers types d'action de mobilisation et de contestation exprimaient différentes orientations stratégiques au sein des mouvements altermondialistes et pouvaient susciter des tensions internes. Alors que la Convergence des luttes anticapitalistes (CLAC) préparait les manifestations autour du site, les organisations syndicales étaient divisées sur l'attitude à adopter en réaction à la ZLEA : à côté de propositions visant à modifier l'accord pour y intégrer les droits de la personne et sociaux, d'autres proposaient tout simplement de le rejeter.

> Nous, déléguées et délégués du Deuxième Sommet des peuples des Amériques, déclarons notre opposition au projet de Zone de libre-échange des Amériques (ZLEA) concocté conjointement et secrètement par les 34 chefs d'État et de gouvernement et le Forum des gens d'affaires des Amériques. [...]
>
> Nous voulons que soit assurée la primauté des droits humains et des droits collectifs, tels qu'ils sont définis dans les instruments internationaux, sur les accords commerciaux. Ces droits doivent être respectés sans distinction ni exclusion fondée sur le sexe, l'orientation sexuelle, l'âge, l'ethnie,

la nationalité, la religion, les convictions politiques ou les conditions économiques. [...] Nous voulons bâtir des ponts entre les peuples des Amériques, nous nourrir du pluralisme de nos histoires et de nos cultures, nous renforcer mutuellement dans l'exercice d'une démocratie représentative et participative. Nous voulons une véritable égalité entre les femmes et les hommes, des soins assurés à tous les enfants, le respect de l'environnement et le partage équitable des richesses. [...] Nous accueillons la déclaration du Sommet des peuples autochtones tenu à Ottawa du 29 au 31 mars 2001 et nous réclamons la reconnaissance de leurs droits fondamentaux. [...] Nous voulons que les États garantissent l'accès universel et gratuit à une éducation publique de qualité, à des services sociaux et à des services de santé, incluant les services destinés aux femmes (maternité, contraception, avortement), qu'ils éliminent la violence envers les femmes et les enfants, qu'ils assurent le respect de l'environnement pour les populations actuelles et les générations futures. Nous voulons des investissements socialement productifs et écologiquement responsables. Les règles applicables à l'échelle continentale doivent encourager les investissements créateurs d'emplois de qualité plutôt que les investissements spéculatifs. Elles doivent également favoriser une production durable et la stabilité économique. Nous voulons un commerce équitable. [...]

Nous accueillons avec enthousiasme les conclusions des différents forums du Sommet des peuples. Ces travaux enrichiront notre projet alternatif pour les Amériques. Nous appelons les populations des Amériques à intensifier leur mobilisation pour combattre le projet de ZLEA et développer d'autres modes d'intégration fondés sur la démocratie, la justice sociale et la protection de l'environnement.

Déclaration finale du Deuxième Sommet des peuples des Amériques[1]

Avec le recul, il apparaît clairement que les mobilisations de Québec 2001 s'inscrivaient dans une dynamique continentale, voire mondiale, de contestation de la mondialisation néolibérale qui débordait la sphère de la société civile pour rallier des chefs d'État favorable à la cause. D'ailleurs, les négociations de la ZLEA ont finalement été bloquées en 2005 lors du Sommet des Amériques de Mar del Plata, en Argentine, du fait de l'opposition de cinq chefs d'États latino-américains issus de la vague rose qui venait de balayer le continent (Brésil, Argentine, Uruguay, Paraguay et Venezuela). Les États-Unis se sont alors repliés sur l'Accord de libre-échange (ALE) d'Amérique centrale et le président Obama a officiellement abandonné le projet de la ZLEA en 2009.

1. ATTAC-Québec, « Non à la ZLEA ! D'autres Amériques sont possibles ! – Déclaration finale du Deuxième Sommet des peuples des Amériques », Québec, [En ligne], 19 avril 2001. [https://www.quebec.attac.org/?declaration-finale-du-deuxieme] (Consulté le 21 février 2022).

## Pour en savoir davantage

### *Ouvrages de référence*

ATTAC-QUÉBEC. *Vingt ans d'altermondialisme au Québec*, M Éditeur, 2020.

BRUNELLE, Dorval. *Chronique des Amériques : du sommet de Québec au Forum social mondial*, Québec, Presses de l'Université Laval, 2010.

### *Vidéodocumentaire*

BOUCHARD, Sébastien/ATTAC-QUÉBEC, *Mémoire du Sommet – Québec avril 2001 – La petite histoire d'une grande mobilisation*, Vidéodocumentaire, 25 min, [En ligne], mai 2021. [https://www.pressegauche.org/Memoire-du-Sommet-Quebec-avril-2001-La-petite-histoire-d-une-grande] (Consulté le 21 février 2022).

# 5 L'aventure d'ATTAC

*Le désarmement du pouvoir financier doit devenir un chantier civique majeur si l'on veut éviter que le monde du siècle à venir ne se transforme en une jungle où les prédateurs feront la loi.*

Ignacio Ramonet

C'est à partir d'un éditorial paru en 1997 dans le *Monde diplomatique*, périodique connu pour sa posture critique, que l'idée de créer l'organisation ATTAC a été lancée en France en juin 1998. Différentes personnalités (dont José Bové, Manu Chao, Susan George, Gisèle Halimi et Bernard Langlois) et une trentaine de collectifs et organisations sociales (des syndicats, la Confédération paysanne, des groupes féministes, associatifs, citoyens, écologistes, de solidarité internationale et du monde des médias) se sont rassemblés pour mener une « Action pour une taxe Tobin d'aide aux citoyens », le premier nom d'ATTAC. Ce projet de taxe porte le nom du prix Nobel d'économie[1], James Tobin, qui l'avait proposée dès 1972 pour contrer la volatilité des marchés financiers. On connaît le mouvement ATTAC aujourd'hui sous le nom d'« Association pour la taxation des transactions financières et pour l'action citoyenne ».

## Un mouvement d'éducation populaire tourné vers l'action

L'objectif initial n'était pas de mettre sur pied une autre coalition de groupes, une pratique courante dans plusieurs pays, y compris en France. Il s'agissait plutôt de créer une véritable organisation indépendante avec sa propre entité légale, ses instances et ses comités locaux. Deux ans et demi plus tard, ATTAC était devenue une organisation importante, avec près de 30 000 membres œuvrant dans 180 comités locaux sur tout le territoire français. Aujourd'hui, malgré un contexte politique différent, l'aventure

1. En toute rigueur, il n'existe pas de prix Nobel d'économie, mais un prix de la Banque de Suède en sciences économiques en mémoire d'Alfred Nobel, qui a été institué en 1968 par la Banque de Suède avec l'accord de la fondation Nobel. Depuis leur création en 1901, les prix Nobel sont décernés aux personnes « qui ont apporté le plus grand bénéfice à l'humanité » (selon le mot testamentaire d'Alfred Nobel) dans cinq domaines spécifiques : la physique, la chimie, la médecine, la littérature et la paix.

ATTAC se poursuit avec différents types d'activités éducatives, des universités d'été et des séminaires organisés avec les mouvements sociaux. Des membres d'ATTAC animent des collectifs d'action et de mobilisation thématiques et locaux. Ses campagnes, dont la plus récente est celle contre Amazon et son modèle d'affaires qui nuit au commerce de proximité et à l'économie locale tout en aggravant la crise environnementale, mais aussi ses précédentes contre les paradis fiscaux ou les accords de libre-échange, ont un impact médiatique et politique remarqué.

> Des gens cloîtrés chez eux, qui commandent nourriture, vêtements ou produits électroniques sur le site d'Amazon, qui regardent Amazon vidéo ou écoutent Amazon music, c'est le rêve pour Jeff Bezos. Et tant pis si cela se fait au prix de 20 000 salariés contaminés par le COVID, d'une explosion du nombre de produits importés et du recours aux transports les plus polluants, de la destruction de milliers d'emplois dans les commerces de proximité ou de l'artificialisation des terres pour construire 19 nouveaux entrepôts en France.
>
> Cette vision du monde est en totale contradiction avec la profonde aspiration à une vie décente sur une planète vivable. C'est la raison pour laquelle nous avons décidé de mener des actions d'ici au prochain « Black Friday » le 27 novembre pour montrer au plus grand nombre la face cachée du monde que nous promet Amazon et l'urgence d'un moratoire pour stopper l'expansion du géant du cybercommerce avant qu'il ne soit trop tard. Cette mobilisation sera aussi l'occasion de promouvoir des alternatives en matière d'emploi et de développement de la vie locale compatibles avec les enjeux climatiques et sanitaires.
>
> ATTAC-France[2]

Afin de dénoncer la mondialisation néolibérale, ATTAC combine la contestation sociale et anti-systémique et l'affirmation démocratique citoyenne. Le but est à la fois de réaliser une action de résistance face au modèle dominant, mais aussi de mener un travail de sensibilisation plus large de la population aux enjeux socioéconomiques actuels. C'est pourquoi ATTAC répète depuis plus de 20 ans qu'il est un « mouvement d'éducation populaire tourné vers l'action ». En plus des activités traditionnelles (séminaires, débats, capsules, essais, dossiers, tracts), les activités d'éducation populaire intègrent les mobilisations de désobéissance civile, menées dans l'espace public sur une base non-violente. Elles permettent non seulement de frapper l'imaginaire populaire, mais aussi d'attirer l'attention des médias pour amplifier la diffusion du message et la sensibilisation de la population.

2. ATTAC-France, « Pourquoi faut-il stopper l'expansion d'Amazon ? », [En ligne], 12 novembre 2020. [https://france.attac.org/se-mobiliser/stoppons-amazon-avant-qu-il-ne-soit-trop-tard/article/pourquoi-faut-il-stopper-l-expansion-d-amazon] (Consulté le 21 février 2022).

## Un programme réformiste antisystémique

Trois revendications se situent au fondement d'ATTAC et traduisent bien la logique démocratique et antisystémique revendiquée par le mouvement : suppression des paradis fiscaux, augmentation de l'imposition des revenus du capital et taxation des transactions financières (taxe Tobin). Toutes ces demandes qui peuvent apparaître légitimes d'un point de vue démocratique sont cependant difficilement compatibles avec les pratiques d'enrichissement personnel démesuré favorisées par la mondialisation néolibérale. Ces revendications, qui sont des guides pour l'action, incitent aussi, dans un exercice d'éducation populaire, à décrypter les rouages de la mécanique néolibérale.

L'abolition des paradis fiscaux vise les personnes et les institutions qui préconisent et pratiquent l'évasion fiscale. Celle-ci constitue en fait une forme de détournement légalisé des richesses produites dans un pays par l'établissement de filiales dans des pays qui n'imposent pas les revenus transférés selon une comptabilité transnationale. Ainsi, ces grands investisseurs peuvent éviter légalement de payer de l'impôt là où les biens et services sont produits, et ce, avec la complicité de grandes institutions financières. L'affaire *SwissLeaks* (2015), tout comme les *Panama Papers* (2016) ont révélé, grâce aux lanceurs d'alerte, l'ampleur de ces malversations financières. Il peut paraître évident en démocratie d'empêcher cette pratique de détournement des lois fiscales, mais pour les partisans de la mondialisation néolibérale en revanche, il ne peut exister de contraintes à la mobilité du capital et à la concurrence fiscale entre les États. Selon le *Tax Justice Network*, l'évasion fiscale priverait les États de 427 milliards de dollars d'impôts chaque année[3].

L'imposition des revenus du capital aussi peut paraître acceptable dans une perspective d'équilibre entre le capital et le travail. Or, du point de vue néolibéral, une suppression des impôts des plus fortunés et du capital est nécessaire pour stimuler l'investissement et éviter de voir fuir les fortunes vers des juridictions plus généreuses. Ainsi, avec la complicité des États, la mondialisation néolibérale a généralisé la tendance à réduire les charges fiscales pour les grandes fortunes et les grands investisseurs.

Enfin, la taxe sur les transactions financières vise à réduire la spéculation et la mobilité des capitaux, source d'enrichissement indépendante des activités économiques productrices de biens et services, ce qui semble une demande démocratique élémentaire. Or, le capital mondialisé ne peut tolérer d'être limité par une taxation sur ses opérations transnationales qui constitue une entrave à sa mobilité.

Ces trois mesures fondamentales ont pour objectif de redistribuer, grâce à la fiscalité, une partie de la richesse accaparée par les plus nantis afin de satisfaire les besoins sociaux, répondre aux exigences du défi environnemental et bâtir un monde qui ne soit pas uniquement régi par les lois du

3. Tax Justice Network, *The State of Tax Justice 2020: Tax Justice in the time of COVID-19*, [En ligne], novembre 2020. [https://taxjustice.net/reports/the-state-of-tax-justice-2020/] (Consulté le 21 février 2022).

marché. Mais cela demande une forte mobilisation pour briser les rouages du système dominant.

## Une composante de l'altermondialisme

Dès sa fondation, ATTAC-France s'est inséré dans les réseaux internationaux. Parallèlement, des groupes ATTAC se sont constitués dès l'origine dans plusieurs pays européens, dont l'Allemagne qui compte aujourd'hui le plus grand nombre de membres du réseau international, soit 29 000. C'est aussi en 2000 que l'association ATTAC-Québec a été créée et a participé à la mobilisation pour le Sommet des peuples d'avril 2001. Présent à Seattle en 1999 pour dénoncer les politiques de l'OMC, le mouvement international ATTAC a aussi été une composante importante dans la naissance du FSM en 2001. Aujourd'hui, le mouvement ATTAC International représente environ 90 000 membres et a des groupes dans plus d'une trentaine de pays y compris au Sud.

ATTAC partage toujours l'objectif de combattre la mondialisation néolibérale en s'attaquant au système financier, dans une perspective internationaliste et en convergence avec les autres mouvements sociaux. Cependant, après plus de 20 ans d'existence, l'organisation porte un regard à la fois critique et lucide sur l'évolution de la conjoncture mondiale qui l'amène à redéfinir ses stratégies d'action locale et mondiale afin d'accroître son impact sur les transformations en cours.

> Un enjeu essentiel de la période consiste à porter une autre vision de la mondialisation, face au néolibéralisme d'E. Macron, A. Merkel, J. Trudeau et consorts d'un côté, et de l'autre la xénophobie de D. Trump et de chefs de gouvernement de plus en plus nombreux, notamment en Europe, qui en appellent au repli sur soi et à la chasse aux migrant·e·s. Dans ce contexte, l'altermondialisme n'a jamais été autant nécessaire. Mais en même temps, nous avons besoin de poursuivre certains débats et peut-être aussi, de préciser une autre vision pour être entendus par le plus grand nombre. [...] Alors que les « équilibres » régionaux sont en pleine transformation, il est important pour Attac d'analyser les changements en cours : face à l'élection de Trump, la montée des droites, l'instabilité politique en Europe et dans de nombreuses régions du monde, les mouvements sociaux ont besoin de re-penser leurs stratégies. De même, nos mobilisations, nos contre-sommets ou les forums sociaux mondiaux, n'ont plus la même ampleur. La dynamique alter est elle aussi en transformation et Attac peut contribuer à la redéfinition des processus de convergence et d'alliances de nos mouvements à l'international.
>
> ATTAC-France[4]

4. ATTAC-FRANCE, *Le rapport d'orientation*, [En ligne], 4 juillet 2019. [https://france.attac.org/attac/nos-textes-cles/article/le-rapport-d-orientation] (Consulté le 21 février 2022).

## L'enjeu de la planète

ATTAC, par son travail d'éducation populaire autour des enjeux du système financier mondial, se plaît à se présenter comme le grain de sable dans l'engrenage de la mondialisation néolibérale. Et son combat semble bien loin d'être achevé. La crise financière de 2008, les politiques d'austérité, l'endettement privé et public croissant, la valorisation boursière des entreprises les plus riches à la faveur de la pandémie ou les réponses à apporter aux crises sanitaire, économique et environnementale, témoignent de l'acuité des problématiques qu'ATTAC soulève.

Enfin, si les enjeux du réchauffement climatique étaient déjà présents il y a plus de 20 ans, ils traversent aujourd'hui toutes les luttes altermondialistes, dont le mouvement ATTAC. Pour lui, le dérèglement de l'environnement naturel a un lien évident avec la déréglementation de l'économie. Lui mettre un frein et faire obstacle à la spéculation financière sont parties prenantes de sa lutte contre la marchandisation du vivant et de la nature.

> Face à la crise sanitaire, sociale et économique qu'entraîne la pandémie de COVID-19, il n'y a pas de sortie de crise déterminée. On peut choisir des solutions nouvelles ou bien rechercher un retour à la normale accompagné de dénonciations des coupables.
>
> Malgré toutes ses terribles conséquences, cette pandémie n'est qu'un exemple de la gravité de ce qui nous attend au niveau environnemental. La pause forcée qui en découle doit nous permettre de choisir des solutions nouvelles afin d'éviter une crise environnementale et sociale aux effets néfastes à long terme.
>
> Nous sommes de ceux et de celles qui pensons [*sic*] que s'impose une transformation radicale de notre manière de vivre, de produire, d'échanger, de commercer, de voyager, de se nourrir, de partager, de prendre soin les uns des autres, bref de vivre ensemble, dans le respect de la nature et du vivant. La crise écologique et climatique nous le disait déjà ; la crise sanitaire en fait l'éprouvante démonstration !
>
> ATTAC-Québec[5]

## Pour en savoir davantage

### *Ouvrages de référence*

ÉLIE, Bernard, et Claude VAILLANCOURT. *L'économie toxique : spéculation, paradis fiscaux, lobby, obsolescence programmée*, Montréal, M Éditeur, 2015.

5. ATTAC-QUÉBEC, *Appel pour un autre monde ! La crise de la COVID-19 doit nous conduire à un Québec et à un monde plus écologique et solidaire*, [En ligne], 17 juin 2020. [https://www.quebec.attac.org/?texte-et-signataires-de-l-appel] (Consulté le 21 février 2022).

PLIHON, Dominique, Myriam VANDER STICHELE et Peter WAHL, *10 ans après la crise : prenons le contrôle de la finance*, Paris, Les liens qui libèrent, 2018.

## *Sites Web*

ATTAC-FRANCE. *Page d'accueil*, [En ligne], s. d. [https://france.attac.org].
ATTAC-QUÉBEC. *Page d'accueil*, [En ligne], s. d. [https://quebec.attac.org].

# 6 La Marche mondiale des femmes

*Par cette charte mondiale des femmes pour l'humanité et par les actions à venir, nous réaffirmons qu'un autre monde est possible, un monde rempli d'espoir, de vie, où il fait bon vivre et nous déclarons notre amour à ce monde, à sa diversité et à sa beauté.*

Charte mondiale des femmes pour l'humanité

Le mouvement féministe a accompagné la naissance de l'altermondialisme. En effet, la Marche mondiale des femmes (MMF), qui se définit comme un « réseau féministe d'action mondial contre la pauvreté et la violence envers les femmes », s'est attaquée dès sa création au néolibéralisme qui, selon sa vision des choses, affecte de façon plus importante les peuples les plus défavorisés ainsi que les femmes. C'est d'ailleurs l'impact de la mondialisation néolibérale sur l'économie québécoise qui a poussé le mouvement des femmes du Québec à s'allier avec d'autres mouvements féministes à travers le monde pour tenter d'infléchir la tendance. Le mouvement féministe a donc joué un rôle important dans l'émergence de la mouvance altermondialiste, tout en préservant son autonomie.

## Du pain et des roses

L'idée de créer la MMF a été lancée à la suite de la marche « Du pain et des roses » organisée par la Fédération des femmes du Québec (FFQ) à la fin du printemps 1995. Parties de Montréal, Longueuil et Rivière-du-Loup, les participantes ont parcouru 200 kilomètres en 10 jours afin de converger vers l'Assemblée nationale à Québec pour dénoncer la pauvreté au féminin. À leur arrivée, 15 000 personnes les attendaient pour présenter au gouvernement neuf demandes visant à combattre la pauvreté qui touche les femmes québécoises (hausse du salaire minimum, équité salariale, logement social, gel des frais de scolarité, etc.). Plusieurs gains ont été enregistrés à la suite de cette action, mais la réponse du gouvernement a été jugée décevante. Ce dernier justifiait son incapacité d'agir par des impératifs de compétitivité de l'économie québécoise, notamment en ce qui concernait l'augmentation du salaire minimum. Il semblait donc indiquer aux manifestantes qu'il existait une entité plus puissante au-delà de l'ordre national qui contraignait sa liberté d'action.

Les groupes rassemblés autour de la FFQ ont alors décidé d'étendre la mobilisation à l'échelle où agissait ce pouvoir plus puissant : le monde. Non seulement parce qu'il fallait y interpeller les autorités, mais également pour être cohérent avec la logique néolibérale. La quatrième Conférence internationale sur les femmes organisée par l'Organisation des Nations Unies (ONU) à Beijing (Chine) en août 1995 allait leur donner l'occasion de rallier d'autres groupes féministes issus des quatre coins du globe. Les déléguées québécoises ont investi le forum de la société civile organisé en parallèle de la conférence officielle afin d'essaimer auprès de 35 000 participantes l'idée d'organiser une MMF en l'an 2000. L'idée a effectivement reçu un accueil enthousiaste.

> La promotion de la femme et l'égalité entre hommes et femmes sont un aspect des droits de l'homme ; c'est une condition de la justice sociale ; c'est un objectif qui ne doit pas être considéré comme intéressant exclusivement les femmes. C'est le seul moyen de bâtir une société viable, juste et développée. Le renforcement du pouvoir d'action des femmes et l'égalité entre les sexes sont des préalables essentiels à la sécurité politique, sociale, économique, culturelle et écologique de tous les peuples.
>
> Déclaration et programme d'action de Beijing, article 41[1]

## Du Québec au reste du monde

En 1996, la FFQ lance officiellement la MMF qui devient un réseau international dont la coordination est basée à Montréal. Dès 1997, des organisations d'une soixantaine de pays adhérèrent à la MMF. L'un des premiers effets de l'ouverture du mouvement au reste du monde a été d'élargir la campagne contre la pauvreté, à la violence dont les femmes sont victimes. Une première rencontre internationale de la Marche est organisée en octobre 1998 et un comité de liaison international est créé afin de faciliter la coordination. Tout ce travail de mobilisation culmine en l'an 2000 alors que des millions de femmes manifestent à travers le monde. Au Québec, plus de 40 000 femmes ont marché dans les rues de la province pendant que d'autres se rendaient à New York pour déposer au siège des Nations Unies une pétition de plus de cinq millions de noms en faveur des revendications de la MMF et, notamment, des mesures concrètes pour éliminer la pauvreté (taxe sur les transactions financières, bonification de l'aide au développement, abolition de la dette des pays du tiers-monde, etc.) et la violence faite aux femmes (adhésion sans réserve aux conventions et pactes de l'ONU relatifs aux droits des femmes et des enfants, politiques de désarmement, renforcement de la Cour pénale internationale, reconnaissance du droit d'asile pour les personnes victimes de persécution en raison de leur orientation sexuelle, etc.).

1. ORGANISATION DES NATIONS UNIES, « Déclaration et Programme d'action de Beijing », Quatrième Conférence mondiale sur les femmes, [Fichier PDF], septembre 1995. [https://www.un.org/womenwatch/daw/beijing/pdf/BDPfA%20F.pdf] (Consulté le 21 février 2022).

Après le succès de l'an 2000, les organisations impliquées dans la Marche décident de poursuivre leur travail et de maintenir le réseau en vie, en planifiant une seconde action mondiale en 2005. Celle-ci est articulée autour de la Charte mondiale des femmes pour l'humanité, le document politique de la Marche, qui est lancée mondialement le 8 mars 2005, à l'occasion de la Journée internationale des femmes (JIF). Puis, un peu comme la flamme olympique, la Charte parcourt la planète, transitant par 503 points-relais, pour terminer sa course à Ouagadougou (Burkina Faso), le 17 octobre de la même année, soit à l'occasion de la Journée internationale pour l'élimination de la pauvreté. En liant ces deux dates symboliques, il s'agissait alors de renforcer l'idée que la lutte pour les droits des femmes était indissociable de la bataille contre la pauvreté.

Par ailleurs, la MMF figurait parmi les huit organisations (tout comme ATTAC d'ailleurs dont nous traitons au chapitre précédent) qui ont donné naissance au premier FSM à Porto Alegre en janvier 2001. Il était important que le mouvement des femmes participe au FSM afin d'insuffler le plus possible l'approche féministe dans la mouvance altermondialiste.

## Faire des liens pour être plus fortes

Le FSM a aussi amené la MMF à travailler plus étroitement avec d'autres mouvements sociaux en formant des coalitions multisectorielles ou en intégrant d'autres réseaux. Cela lui a permis d'enrichir les thématiques de ses actions mondiales.

La Marche a notamment consolidé une alliance avec La Via Campesina et le Mouvement des travailleurs ruraux sans-terre (MST), notamment pour rejoindre les femmes en milieu rural. Cette alliance a mené à la « Déclaration des femmes pour la souveraineté alimentaire », qui a été présentée lors du Forum mondial pour la souveraineté alimentaire organisé par le mouvement paysan international à Nyéléni (Mali) en février 2007[2]. Par ailleurs, le positionnement de la MMF contre le néolibéralisme, ainsi que sur la question de la paix qui a pris une importance grandissante après l'invasion de l'Afghanistan et de l'Irak en 2003, a fait en sorte qu'elle a été amenée à faire des alliances avec d'autres types de groupes.

Ce travail de convergence se retrouve dans les thèmes mis de l'avant par la MMF lors de la troisième action mondiale de 2010. Sous le slogan « Tant que toutes les femmes ne seront pas libres, nous serons en marche ! », des actions sont organisées dans le monde entier entre le 8 mars et le 17 octobre. Les revendications s'articulent autour de quatre grands champs d'action : le travail et l'autonomie économique ; le bien commun ; la souveraineté alimentaire et l'accès aux ressources ; ainsi que la violence, la paix et la démilitarisation.

Pour la 4e Action Internationale en 2015, conformément à l'approche intersectionnelle qui est de plus en plus présente dans le mouvement

2. Le rapport complet du Forum international pour la souveraineté alimentaire de Nyéléni, qui s'est déroulé du 23 au 27 février 2007 à Sélingué au Mali est disponible en ligne : https://nyeleni.org/DOWNLOADS/Nyelni_FR.pdf.

féministe, la MMF va faire la jonction avec les groupes racisés et les femmes autochtones. Avec pour slogan « Libérons nos corps, notre Terre et nos territoires ! », la MMF privilégie cette fois-ci une démarche d'éducation populaire plutôt que de pression sur les décideurs politiques. Elle invite la population à se mobiliser pour s'opposer aux systèmes d'oppression et créer des rapports plus égalitaires entre les femmes et les hommes, entre les femmes elles-mêmes et entre les peuples.

Entre le 8 mars et le 17 octobre 2020, les femmes se sont mises en marche une fois de plus, mais virtuellement, pandémie oblige. Avec pour thème « Nous résistons pour vivre, nous marchons pour transformer ! », les mouvements de femmes du monde entier souhaitent continuer de faire entendre leur voix pour construire un monde plus juste.

> Cette 5e Action Internationale marque les 20 ans d'existence de la Marche Mondiale des Femmes, un mouvement féministe anticapitaliste, antiraciste et anticolonialiste, autogéré depuis la base par des femmes du monde entier. Nous réaffirmons les valeurs d'égalité, liberté, justice, paix et solidarité, piliers de la société que nous nous efforçons de construire. Nous renforçons notre engagement à aller de l'avant ensemble jusqu'à ce que nous soyons toutes libres.
>
> En temps d'autoritarisme raciste et patriarcal, nous transformons notre indignation en lutte, convaincues que l'expansion de notre autogestion permanente est la stratégie avec laquelle nous trouverons des réponses et des moyens pour mettre fin au capitalisme et transformer la société en une société qui place la vie au centre.
>
> Appel à la 5e Action Internationale de la MMF[3]

La création de la MMF et son insertion dans les réseaux altermondialistes internationaux lui ont donc permis de faire plus de liens entre le local et le mondial, entre les différentes luttes sociales et les contextes nationaux et, notamment, de mieux percevoir l'impact des politiques menées par les gouvernements du Nord sur l'état de pauvreté des femmes et des populations du Sud. Cette conscience sociale planétaire, à la fois à l'intérieur du mouvement des femmes, mais aussi et de façon plus générale au sein de la société, explique aussi pourquoi les militantes de la MMF sont des altermondialistes de la première heure. Elles savent bien que pour changer les conditions de vie des femmes, ici comme ailleurs, il faut aussi changer le monde.

3. Marche mondiale des femmes, Appel à la 5e Action Internationale de la Marche Mondiale des Femmes, [En ligne], 28 janvier 2020. [https://marchemondiale.org/index.php/2020/01/28/nous-resistons-pour-vivre-nous-marchons-pour-transformer-5eme-action-internationale/?lang=fr] (Consulté le 21 février 2022).

## Pour en savoir davantage

### *Ouvrages de référence*

ANTROBUS, Peggy. *Le mouvement mondial des femmes,* Montréal, Écosociété, 2007.

GIRAUD, Isabelle, et Pascale DUFOUR. *Dix ans de solidarité planétaire : perspectives sociologiques sur la Marche mondiale des femmes,* Montréal, Les éditions du remue-ménage, 2010.

### *Sites Web*

MARCHE MONDIALE DES FEMMES (MMF). *Page d'accueil,* [En ligne], 2019. [https://www.marchemondiale.org.].

COORDINATION DU QUÉBEC DE LA MMF. *Page d'accueil,* [En ligne], s. d. [https://www.cqmmf.org/index.html].

# 7 Porto Alegre contre Davos

*Les alternatives proposées au Forum Social Mondial s'opposent à un processus de mondialisation capitaliste commandé par les grandes entreprises multinationales et les gouvernements et institutions internationales au service de leurs intérêts. Elles visent à faire prévaloir, comme nouvelle étape de l'histoire du monde, une mondialisation solidaire qui respecte les droits universels de l'homme, ceux de tous les citoyens et citoyennes de toutes les nations, et l'environnement, étape soutenue par des systèmes et institutions internationaux démocratiques au service de la justice sociale, de légalité et de la souveraineté des peuples.*

Charte de principes du FSM, article 4

Le premier FSM s'est tenu à Porto Alegre, au Brésil en janvier 2001, au même moment que le FEM qui se déroulait lui à Davos, dans les Alpes suisses. Le choix de tenir le forum à Porto Alegre en même temps que celui de Davos n'était évidemment pas fortuit. Il s'agissait symboliquement de marquer la distance entre deux visions du monde campées par ces deux événements. Face à la célébration de la mondialisation néolibérale qui se déroulait à Davos, les altermondialistes souhaitaient ainsi donner corps à l'idée qu'un autre monde est possible ! Si le FEM fête ses 50 ans en 2021, le FSM fait quant à lui figure de petit jeune avec ses 20 ans d'existence.

## Le Forum économique mondial

Le FEM réunit, depuis 1971, entre 2000 et 3000 personnes qui représentent l'élite économique et politique de la planète. On y retrouve les directions d'un millier d'entreprises multinationales parmi les plus influentes de la planète, de grands investisseurs, banquiers et financiers, des chefs d'État et de gouvernement, des intellectuels du monde universitaire et médiatique qui agissent souvent comme conseillers des précédents, et finalement quelques artistes triés sur le volet. Le FEM constitue, en quelques sortes, le cercle d'étude de la nouvelle oligarchie mondiale qui intervient tout au long de l'année dans le débat public et dispose d'antennes régionales sur tous les continents. En effet, en dehors de son forum récurrent de janvier en Suisse,

le FEM organise annuellement près de 300 événements à différentes échelles à travers la planète[1].

Le FEM est bien plus qu'un événement annuel. C'est une véritable organisation qui dispose de près de 800 employés répartis dans ses bureaux de Genève, New York, Beijing, San Francisco, Tokyo et Mumbai. Se définissant comme une organisation internationale dédiée à la coopération public-privé, le FEM dispose d'un budget annuel de près de 370 millions USD.

Le FEM fait clairement la promotion de la mondialisation néolibérale, de l'idéologie de la croissance sans fin alimentée par l'innovation technologique et le commerce libre de contraintes. Son nouveau créneau est la quatrième révolution industrielle fondée sur la révolution numérique et le développement de l'intelligence artificielle. Au départ, Davos mettait de l'avant le dialogue et la concertation entre les « parties prenantes », bien que pour pouvoir participer à l'événement il faille s'acquitter de droits d'entrée de plusieurs dizaines de milliers de dollars, ce qui revient à faire du FEM un forum fermé finalement réservé majoritairement aux riches hommes blancs. En effet, le profil des participants et participantes de l'édition 2019 du FEM révèle que sur les 2821 personnes présentes issues de 117 pays, il y avait seulement 24 % de femmes, l'âge moyen était de 55 ans et plus 60 % étaient originaires d'Europe et d'Amérique du Nord[2].

Davos a depuis bien intégré les concepts de « développement durable » et de « lutte à la pauvreté ». Et même si des figures marquantes des luttes sociales sont invitées à s'exprimer à Davos, comme Nelson Mandela, Winnie Byanyima, la directrice d'OXFAM International ou tout récemment Greta Thunberg, on peut se questionner sur l'influence réelle de leurs discours sur l'auditoire. Le projet de Davos demeure toujours le même : la libéralisation des échanges et la suppression des entraves au commerce. Cela étant, il est vrai que le langage s'est beaucoup sophistiqué.

## Le Forum social mondial

Alors qu'on s'attendait à y recevoir 2000 à 3000 participantes et participants, le premier FSM en 2001 a de son côté réuni près de 20 000 personnes provenant de mouvements citoyens, paysans, étudiants, écologistes, féministes, syndicaux, et de la diversité, beaucoup du Brésil et de l'Amérique latine, mais aussi de plus de 120 pays à travers le monde. Cet élan s'est accentué pendant plus de 10 ans avec une participation qui a oscillé entre 100 000 et 150 000 personnes en Inde (2004) comme au Brésil (2005 et 2009).

Le FSM est né au Brésil, mais afin de faciliter la participation d'un plus grand nombre de mouvements à travers la planète (car tous ne peuvent pas payer les frais de déplacement ni obtenir les visas nécessaires), dès 2004 le FSM s'est déplacé sur les différents continents, mais toujours dans les pays du Sud. Il s'est donc tenu en Inde (2004), au Pakistan, Mali et Venezuela (2006), au Kenya (2007), au Sénégal (2011) et en Tunisie (2013 et 2015). Il

1. Pour plus d'informations, voir le site du FEM : https://www.weforum.org.
2. https://fr.weforum.org/reports/davos-2020/participants#report-nav (consulté le 14 mars 2022).

s'est déroulé, pour la première et unique fois de son histoire dans un pays du Nord, à Montréal (Canada) en août 2016. Par ailleurs, le FSM s'est décliné en de multiples forums régionaux (Europe, Amérique latine, Afrique), nationaux, locaux et même thématiques (contre le nucléaire à Fukushima en 2016, pour les économies transformatrices à Barcelone en 2020, etc.).

Lors de chaque FSM, une forte majorité des participantes et participants est issue du pays hôte (80 %), un autre 10 % provient de la région et le reste d'ailleurs dans le monde. Le profil des personnes qui prennent part au Forum est généralement à l'image des pays qui les accueillent, majoritairement jeunes et populaires, même si les franges plus éduquées de la population sont généralement surreprésentées. À Montréal en 2016, 50 % des participantes et participants avaient moins de 35 ans et 60 % étaient des femmes. 72 % avaient un diplôme universitaire et seulement 52 % se définissaient comme travailleurs. Uniquement 30 % se caractérisaient comme des délégués d'organisation. Du point de vue de la représentation internationale, 60 % des participants et participantes étaient originaires d'Amérique du Nord et 20 % d'Europe. La participation de ressortissants étrangers, notamment en provenance d'Afrique, des Caraïbes et d'Asie a été un réel défi de ce premier FSM au Nord. Selon les estimations, près de 70 % des demandes de visas pour le FSM 2016 ont été refusées par le gouvernement canadien[3].

Sur le plan des moyens le FSM et le FEM ne sont absolument pas comparables. Le FSM ne dispose pas de bureaux ni d'employés permanents, tout au plus d'équipes essentiellement bénévoles qui se mobilisent sur quelques mois pour organiser logistiquement les différents événements. À titre de comparaison, le budget du FSM 2016, qui a permis de rassembler plusieurs milliers de personnes provenant de 125 pays pour participer à près de 1 200 activités durant 6 jours, était de 800 000 USD, soit 0,2 % du budget du FEM. Pour fonctionner, le FSM doit compter sur l'énergie bénévole, ainsi que sur l'appui solidaire des ONG, syndicats et mouvements citoyens. Il peut aussi, surtout dans les pays du Sud, bénéficier de l'appui des différents paliers de gouvernement. Dans la foulée de la vague rose au Brésil (voir chapitre 8), l'événement a initialement reçu le soutien de la municipalité de Porto Alegre, de l'État du Rio Grande do Sul et du gouvernement fédéral brésilien, surtout après l'élection de Lula en 2002. De la centaine de parlementaires au premier FSM, les forums subséquents ont attiré de nombreux représentants de partis politiques progressistes et de gouvernements de centre gauche, sans pour autant changer le caractère non partisan du forum.

## De l'anti à l'alter

On a tendance à réduire le mouvement altermondialiste aux forums sociaux. En fait, l'altermondialisme déborde largement les FSM qui ne sont que ses moments de rassemblement les plus connus. L'altermondialisme constitue en fait une sorte de mouvement contemporain de résistances à la mondialisation

3. Collectif FSM 2016, *Rapport d'activités du Forum social mondial de Montréal (9-14 août 2016)*, Montréal, 21 décembre 2016.

néolibérale qui se manifeste dans l'analyse, le plaidoyer et l'organisation d'événements en vue d'alimenter et d'amplifier les mobilisations et les propositions pour construire un autre monde. Le FSM est donc à la fois le reflet et l'outil de l'altermondialisme.

Comme expliqué précédemment, la vision néolibérale devenue dominante avec la fin de la guerre froide a suscité de vives réactions et d'importants mouvements de contestations. C'est ce que les défenseurs de la mondialisation néolibérale appelaient eux-mêmes l'antimondialisation. Or, le FSM visait à dépasser une posture d'opposition définie par la négative et à développer une posture de proposition pour démontrer qu'il existe d'autres avenues que celle de la perspective néolibérale. En effet, en réponse aux détracteurs qui voulaient confondre la résistance et la construction d'alternatives aux attaques ciblées contre le capitalisme mondialisé, le FSM s'est mis en place comme un vaste laboratoire d'innovation sociale basé sur la participation la plus large des mouvements. L'antimondialisation deviendra alors l'altermondialisme.

## Un nouvel internationalisme

Le FSM de Porto Alegre avait aussi une autre ambition, celle de réunir en un seul lieu la multitude des mouvements sociaux qui résistent et qui luttent contre la mondialisation néolibérale dans les différentes régions du monde pour réfléchir et échanger mondialement, afin de mieux agir localement. On y retrouvait une diversité non seulement sectorielle, mais aussi idéologique. La perspective mondiale de l'altermondialisme n'est pas le résultat d'une vision mondialiste unifiée et définie, mais celle de la rencontre de ces expériences et des pratiques des mouvements en vue de définir un autre monde. C'est pourquoi on associe l'altermondialisme à un internationalisme de type nouveau.

Pendant longtemps, plusieurs mouvements sociaux, partant des plus anciens comme le mouvement ouvrier ou paysan, jusqu'aux plus nouveaux, dont les écologistes, ont mis en place des réseaux internationaux, plus ou moins organisés, selon les orientations politiques et idéologiques particulières qui les animaient. Aujourd'hui, dans la foulée du FSM, la vision internationaliste de l'altermondialisme se décline dans un dialogue mondial des mouvements qui agissent localement, tout en créant un espace commun où les internationalismes des uns et des autres se parlent et se concertent.

## Pour en savoir davantage

### *Ouvrages de référence*

BEAUDET, Pierre, Raphaël CANET et Marie-Josée MASSICOTTE. *L'altermondialisme : forums sociaux, résistances et nouvelle culture politique*, Montréal, Écosociété, 2010.

WHITAKER, Chico. *Changer le monde : [nouveau] mode d'emploi*, Paris, Les Éditions de l'Atelier, 2006.

LAPHAM, Lewis H., *La montagne des vanités : les secrets de Davos*, Paris, Maisonneuve & Larose, 2000.

### *Sites Web*

FORUM ÉCONOMIQUE MONDIAL. *Page d'accueil*, [En ligne], 2022. [https://www.weforum.org].

INTELLECTUEL COLLECTIF INTERNATIONAL DES MOUVEMENTS SOCIAUX. « Présentation », *Intercoll*, [En ligne], mise à jour mai 2022. [https://intercoll.net/?lang=fr].

# 8 La vague rose en Amérique latine

*La gauche est le spectre idéologique qui cherche à donner du pouvoir aux groupes sous-représentés dans les sphères du pouvoir, et la droite est le spectre idéologique qui cherche à préserver ou à étendre les pouvoirs des groupes déjà correctement représentés dans les sphères du pouvoir.*

Gustavo Jorge Silva

La montée des résistances aux politiques néolibérales un peu partout dans le monde a mené à des situations d'ingouvernabilité surtout en Amérique latine où les régimes parvenaient de moins en moins à maintenir en place le dispositif du pouvoir. Ailleurs cependant, des mouvements portés par la colère populaire n'ont pas abouti, incapables de surmonter leurs divisions, et ont été finalement mis en déroute par la combinaison de moyens répressifs et de politiques de cooptation. Dans plusieurs pays d'Amérique latine, par exemple, la chute des dictatures militaires dans les années 1980 n'avait pas débouché sur un changement réel de la structure de domination. Or c'est précisément ce qui change au tournant des années 2000. Peu à peu, le rejet de la mondialisation néolibérale évoluant vers une posture de propositions, l'altermondialisme inspire plusieurs autres options politiques en Amérique latine. C'est ce qu'on appelle la « vague rose ».

## Le laboratoire brésilien

Au Brésil, la dictature cède la place en 1989, mais les politiques néolibérales continuent de s'appliquer sous les gouvernements successifs. Devant ce blocage, les mouvements qui avaient précipité l'avènement de la démocratie prennent une tournure politique. Le Parti des travailleurs (PT) est au départ l'émanation des syndicats ouvriers, des associations paysannes et d'un secteur progressiste de l'Église catholique. Cette rencontre entre le politique et le populaire se distingue des expériences antérieures où les divers mouvements de gauche étaient étroitement définis autour de clivages dogmatiques. Le PT apparaît alors comme un « parti-mouvement » moins sectaire, qui se développe avec les mouvements de base. Au début, cette nouvelle gauche et ses alliés font leurs marques dans les grandes municipalités qu'ils remportent au détriment des partis plus traditionnels. Avec le « budget participatif », ils expérimentent de nouvelles façons de gérer la chose publique en invitant les citoyens à participer à la prise des décisions tout au long de leurs mandats. On propose de faire de la politique « autrement », tout en élaborant des réformes sociales orientées vers les besoins fondamentaux, comme l'habitat, la santé, l'éducation. En 2002, un ouvrier venu des régions pauvres du Nord-est brésilien est élu président de la République. Luiz Inácio Lula da Silva, que tout le monde surnomme Lula, est un personnage qui détonne dans l'univers politique brésilien dominé traditionnellement par des membres de professions libérales, des industriels et des commerçants. Ce tremblement de terre politique effraie les classes dominantes, mais rapidement, Lula consolide sa majorité. Il est réélu en 2007 et sa successeure désignée, Dilma Rousseff, devient la première femme présidente du pays en 2011.

## Un nouveau paysage politique

D'autres pays d'Amérique latine connaissent des bouleversements semblables, notamment en Bolivie et en Équateur sous l'impulsion des mouvements autochtones, en Argentine avec la poussée du mouvement des *piqueteros* qui regroupent des milliers de sans-emploi, en Uruguay et ailleurs. Pourquoi parler de vague rose ? Contrairement aux expériences politiques antérieures, ces gouvernements progressistes exercent leurs pouvoirs avec plus de modération. Au Brésil, par exemple, le gouvernement ne nationalise pas les grandes entreprises oligarchiques (une petite minorité de grands propriétaires possèdent plus de terres que l'immense majorité paysanne). Il ne touche pas non plus au puissant secteur financier qui profite d'une économie en expansion, mais en drainant les capitaux vers les classes plus riches. Cependant, pour la grande majorité des gens, la situation s'améliore avec la mise en place de vastes programmes de sécurité sociale.

Toujours au Brésil, le programme « Bourse familiale » (Bolsa Família) permet à 30 millions de personnes de sortir de la grande pauvreté. Pour la première fois, les paysans sans terre et les habitants des favélas peuvent envoyer leurs enfants à l'école. En Bolivie, l'alliance entre les mouvements populaires et une coalition politique autour du Mouvement vers le socialisme (MAS) débouche sur une nouvelle constitution qui impose le respect et l'égalité pour la majorité autochtone traditionnellement ignorée et sans influence.

Au faîte de leur avancée, ces expériences progressistes semblent fonctionnelles et réalistes, en redistribuant la richesse, mais sans nécessairement polariser le pays comme cela a été le cas dans des expériences précédentes (à Cuba par exemple). À ce moment-là, un changement progressif, une sorte de « révolution tranquille », semble être un meilleur moyen pour créer cet « autre monde » postnéolibéral.

La vague rose balaie le paysage politique :

- En 2002, Lula, le candidat d'une vaste coalition avec au centre le PT, gagne les élections. Le militaire populiste Hugo Chávez (élu en 1998) consolide son pouvoir contre l'oligarchie vénézuélienne et ses supporteurs aux États-Unis.
- En 2003, l'Argentine élit un gouvernement progressiste. En 2004, le Frente Amplio qui regroupe les partis de gauche avec l'appui des mouvements sociaux remporte les élections en Uruguay. En 2006, c'est la Bolivie qui bascule, puis l'Équateur en 2007.
- Plus tard, d'autres pays comme le Nicaragua et le Salvador (en Amérique centrale), le Paraguay et même le Chili voient leur situation changer avec des pouvoirs qui se réclament de la vague rose.
- Ailleurs, il y a peu d'expériences qui débouchent sur des changements d'une telle ampleur bien que cela donne des ailes à plusieurs mouvements populaires dans tous les coins de la planète.

## Des efforts déployés pour redonner un élan régional

Parallèlement, des États se rassemblent pour construire un bloc régional latino-américain capable de faire face aux puissances économiques comme les États-Unis et l'UE. Des structures de coopération régionale sont réanimées (le MERCOSUR) ou carrément inventées (l'Alliance bolivarienne pour les peuples de notre Amérique – ALBA et la Communauté d'États latino-américains et caraïbes – CELAC). Ces formes d'intégration régionale alternative s'appuient sur les revendications des mouvements sociaux qui depuis des années appellent à confronter le système mondial imposé menant, par l'entremise des grandes institutions internationales à vocation économique (Banque mondiale, FMI, OMC, etc.), à la dépendance envers les pays riches.

Cette plus grande autonomie promue par les gouvernements de la vague rose est facilitée par une certaine embellie économique. La montée en puissance de la Chine fait pression sur les marchés internationaux d'où l'augmentation des prix des matières premières, qui sont encore et toujours à la base des économies latino-américaines. Plusieurs économistes pensent alors que le Brésil et l'Argentine, comme la Chine et d'autres pays asiatiques, sont en train de devenir des pays « émergents », capables de jouer dans la cour des grands sur la scène internationale.

## Les grandes convergences

Cette vague rose qui a déferlé sur l'Amérique latine au tournant des années 2000 est le résultat de la convergence des mouvements populaires qui ont porté plusieurs des leurs au pouvoir (l'ouvrier Lula, au Brésil ou le leader autochtone et paysan Evo Morales, en Bolivie) et ainsi permis l'implantation de politiques sociales progressistes. Au Brésil, des mouvements paysans obtiennent droit au chapitre dans l'allocation des ressources. Le salaire minimum est augmenté, y compris pour les centaines de milliers de travailleuses domestiques (ce qui scandalise les couches privilégiées). Pour la première fois, les paysans boliviens et les bidonvillois du Venezuela accèdent à des services médicaux adéquats. Cela marque beaucoup l'imaginaire et pas seulement en Amérique latine.

L'altermondialisme en général et les FSM en particulier ont participé de cette logique ascendante des classes populaires en Amérique latine. À Porto Alegre, Belém, Salvador et Caracas ce sont les mouvements issus de cette base populaire qui ont formé le gros de la participation aux forums. Ils ont pu échanger et dialoguer avec d'autres mouvements populaires en Inde, au Pakistan, au Sénégal et en Tunisie et ainsi inspirer et forger de nouvelles alliances. Grâce aux FSM, les initiatives progressistes des gouvernements de la vague rose en Amérique latine ont trouvé une résonance internationale. Mais la réaction conservatrice qui se développe à la faveur de la crise économique de 2008 (voir chapitre 15) vient briser cet élan.

## La déroute de la vague rose en Amérique latine

Les politiques sociales mises de l'avant par les gouvernements issus de la vague rose ont été largement financées par l'exploitation des ressources énergétiques et minières. Or, malgré la crise de 2008, les guerres commerciales et le resserrement des marges bénéficiaires sur les marchés internationaux, les gouvernements progressistes de la région ont persévéré dans le développement du modèle extractiviste, sans tenir compte des critiques émanant des groupes environnementalistes et des populations autochtones directement affectées par ces projets. Plutôt que d'utiliser les rouages du pouvoir pour opérer une véritable transition écologique et sociale qui aurait pu être un modèle à l'échelle du continent, le Brésil s'est lancé dans de grands projets médiatisés mais coûteux, comme la coupe du Monde de football (2014) et les Jeux olympiques (2016) à Rio de Janeiro.

Les classes moyennes et populaires voient pourtant leurs revenus décliner. Les insatisfactions à l'endroit des gouvernements de gauche s'accroissent, que ce soit au Brésil, au Venezuela, au Nicaragua, en Équateur ou en Bolivie. Plusieurs perdent le pouvoir. La marée bleue succède à la vague rose[1]. En Argentine, le successeur de Cristina Kirchner, Daniel Scioli, perd le pouvoir en 2015. Au Brésil, Dilma Rousseff (PT) perd le pouvoir en 2016 à la suite d'un coup de force juridico-politique, puis la droite conservatrice s'impose finalement avec la victoire électorale de Jair Bolsonaro en janvier 2019, après l'emprisonnement de l'ancien président Lula pour corruption. En Bolivie, Evo Morales doit fuir au Mexique après les violentes manifestations qui ont éclaté après sa réélection controversée en octobre 2019, en violation avec les règles constitutionnelles du pays qu'il avait lui-même mises en place. Au

1. Priscila Peixoto de Almeida, *Les Droits de l'Homme en Amérique du Sud : considérations sur la « Vague Rose » et la « Marée Bleue »*, Mémoire (Master en sciences politiques), Université catholique de Louvain, 2020.

Nicaragua, Daniel Ortega s'accroche au pouvoir en réprimant l'opposition, tout comme Nicolás Maduro au Venezuela.

## Pour en savoir davantage

### *Ouvrages de référence*

GAULARD, Mylène, et Pierre SALAMA. *L'économie de l'Amérique latine,* Paris, Bréal, 2020.

PARTHENAY, Kevin. *Crises en Amérique latine : les démocraties déracinées (2009-2019),* Paris, Armand Colin, 2020.

### *Sites Web*

FRANCE-AMÉRIQUE LATINE. *Page d'accueil,* [En ligne], 2022. [https://www.franceameriquelatine.org/].

PLATEFORME ALTERMONDIALISTE. *Page d'accueil,* [En ligne], s. d. [https://alter.quebec].

# 9 Le Printemps arabe

*Dégage !*
*Le peuple veut la chute du régime !*

Slogans emblématiques
du Printemps arabe

Au début des années 2010, le Maghreb en Afrique du Nord et le Machrek au Moyen-Orient entrent en ébullition. Des grèves et des manifestations de masse se succèdent en Tunisie, puis en Libye et en Égypte et se propagent à toute la région. Des mouvements marocains, tunisiens, algériens se rencontrent dans ce qui est devenu le Forum social maghrébin après avoir été exposés aux travaux du FSM au Brésil. En quoi l'altermondialisme a-t-il pu contribuer à nourrir le Printemps arabe ?

## Le déclenchement

En décembre 2010, un jeune vendeur ambulant tunisien, Mohamed Bouazizi (28 ans), est humilié par la police à Sidi Bouzid, une petite ville au centre du pays. Quelques minutes plus tard, il s'immole par le feu sur la place publique. Le même jour, la rue se remplit de monde dans un mouvement spontané d'indignation. Puis le mouvement prend de l'ampleur. Un mois plus tard, des milliers de personnes défilent dans les rues de la capitale contre le président Ben Ali qui finalement prend la fuite. Un gouvernement intérimaire promet des élections libres et libère des milliers de détenus politiques. Peu après, les Égyptiens sortent dans la rue. Puis la contestation gagnera le Yémen, la Libye, la Syrie, mais aussi le Maroc, l'Algérie et les monarchies du Golfe. C'est ainsi que naît le Printemps arabe qui devient le théâtre d'une mobilisation sans précédent dans cette vaste région du monde.

Bien que portant des marques distinctives relatives aux différents contextes nationaux, les revendications qui émanent de ces mouvements de protestation convergent sur plusieurs points. Ils réclament d'abord la fin du Parti-État inamovible, de la violation des droits, d'un système qui emprisonne, torture et exécute des gens à l'ombre d'une démocratie de façade. Ils sollicitent ensuite des élections, des médias et des syndicats libres, un espace où la société civile peut s'exprimer. D'ailleurs, l'occupation des places publiques a joué un rôle central dans le succès de ces mobilisations et va inspirer les mouvements de contestations qui vont ensuite émerger en Europe (Indignés, Gilets jaunes) et aux États-Unis (*Occupy*). Ils veulent aussi la fin

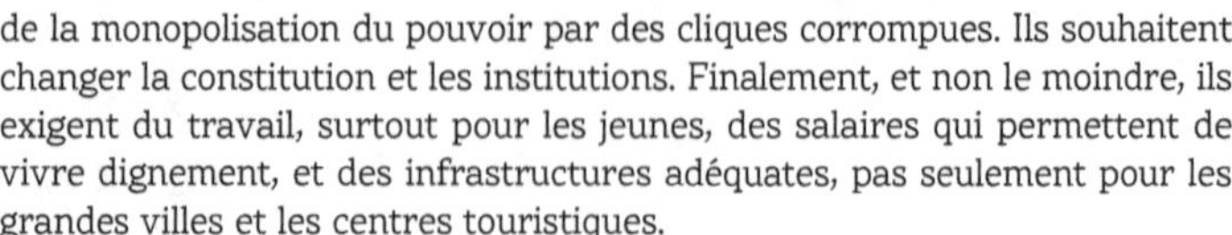

de la monopolisation du pouvoir par des cliques corrompues. Ils souhaitent changer la constitution et les institutions. Finalement, et non le moindre, ils exigent du travail, surtout pour les jeunes, des salaires qui permettent de vivre dignement, et des infrastructures adéquates, pas seulement pour les grandes villes et les centres touristiques.

## Les raisons de la révolte

Depuis plusieurs décennies, cette vaste région connaît une lente mais irrésistible érosion, tant en matière économique que politique. Les facteurs internes (délitement des élites, incapacité de l'opposition de converger) s'ajoutent aux pesantes pressions externes. En effet, la région constitue un « enjeu stratégique » pour les grandes puissances, à la fois par sa localisation géographique (la frontière sud de l'Europe en proie à la pression migratoire) et pour ses énormes ressources en hydrocarbures. Les États-Unis et les États membres de l'UE visent avec quelques relais régionaux dont Israël et l'Arabie saoudite à garder le contrôle sur les ressources et éviter un retour du nationalisme revendicateur qui avait traversé la région à l'époque de Gamal Abdel Nasser. Selon Gilbert Achcar, le Printemps arabe a des racines « dans la crise structurelle insurmontable résultant de la transformation du système sociopolitique dominant en obstacle au développement, entraînant des taux de croissance économique très faibles et, par conséquent, des niveaux de chômage très élevés, chez les jeunes et les femmes en particulier[1] ».

## Retour sur le soulèvement tunisien

En reprenant et adoptant les propositions émanant du FSM, qu'ils développent par ailleurs à travers le Forum social maghrébin et les deux éditions du FSM organisées à Tunis en 2013 et 2015, les mouvements érigent des coordinations larges, sans se subordonner à un ou des partis politiques. En Tunisie, ils héritent des grandes luttes menées dans la décennie précédente, comme celles des mineurs de Gafsa qui défendaient leurs emplois et leur sécurité contre la brutalité policière dès 2008. Le mouvement de 2011 apporte à ces luttes dispersées le goût de se mettre ensemble : « En appelant Ben Ali [...] à dégager, la foule solidaire et forte par son unité ne fait en réalité que dégager sa honte et exprimer son refus de continuer à être gouvernée par la peur et dans l'humiliation[2]. » La mobilisation spontanée est appuyée par l'Union générale des travailleurs de Tunisie (UGTT), qui compte des dizaines de milliers de membres, ainsi que par l'Union des diplômés-chômeurs. L'objectif, avec l'appui des partis de gauche de même que le grand parti islamiste Ennahdha est de créer un nouvel espace politique.

1. Gilbert ACHCAR, « La première décennie du processus révolutionnaire arabe », *À l'encontre*, [En ligne], 18 décembre 2020. [https://alencontre.org/moyenorient/la-premiere-decennie-du-processus-revolutionnaire-arabe.html] (Consulté le 21 février 2022).
2. Maher CHAHINE, « Tunisie : le nouveau souffle de la révolution », *Plateforme altermondialiste*, [En ligne], 31 janvier 2021. [https://alter. quebec/tunisie-le-nouveau-souffle-de-la-revolution/] (Consulté le 21 février 2022).

Le point faible est l'absence d'un projet de transition clair autour de la lutte contre la pauvreté et l'inégalité, car, selon Maher Chahine, « la chute de la tête du régime n'a pas fait place à la fin des inégalités criantes et les espoirs de transformation sociale profonde semblent, pour certains, s'éloigner[3] ».

## En Égypte, la révolte se heurte à la résilience du régime

En Égypte, le mouvement de protestation essaime et gagne les centres urbains et les couches scolarisées qui sortent dans la rue pour clamer « Aysh, horia, adala eigtima'iya » (pain, liberté et justice sociale). Au Caire, la place centrale, Tahrir (libération), devient un campement permanent qui prend l'allure d'une énorme agora populaire. Des milliers de travailleurs se mettent en grève et les manifestantes et manifestants utilisent activement les réseaux sociaux pour coordonner et amplifier les mobilisations. Cependant, la société égyptienne est encore plus polarisée qu'en Tunisie. La grande majorité de pauvres urbains et ruraux est écrasée par un système répressif d'une redoutable efficacité. Depuis des décennies, l'opposition politique et sociale a été réduite à néant, mis à part le grand parti des Frères musulmans. Celui-ci surfe de manière opportuniste sur la révolte alors que sa perspective n'a rien à voir avec les demandes de démocratisation, d'égalité de genre, d'inclusion des minorités et même de relance économique. Quand le 11 février 2011, le président Hosni Moubarak est poussé vers la porte par l'armée qui sent le danger venant de la détermination populaire, ce dilemme s'aggrave. Lors des élections de 2012, les Frères musulmans gagnent de justesse devant le candidat du statu quo. C'est un vote par défaut plutôt qu'une perspective de changement. Peu de temps après, le régime islamiste est incapable de répondre aux revendications populaires pour une plus grande liberté et surtout, une réelle amélioration des conditions de vie. L'armée renverse le gouvernement élu dirigé par Mohammed Morsi. La répression s'abat sur les islamistes et sur toute l'opposition, ce qui gèle la société tout entière, y compris les jeunes à l'origine du printemps égyptien. La corruption et la prédation des ressources s'accélèrent au profit des militaires.

## La deuxième vague

Après l'échec en Égypte, les impasses du Printemps arabe deviennent plus évidentes dans des pays qui sombrent dans la guerre, notamment en Syrie et en Libye où pourtant de vastes mobilisations ont eu lieu pour exiger démocratie et justice. Les protestataires se retrouvent coincés entre la répression des régimes en place et l'irruption des mouvements islamistes, ce qui précipite le chaos et la destruction. Depuis 2020, la pandémie a également contribué au tassement des mobilisations populaires. Malgré tout cela, la région connaît une deuxième phase de luttes, comme on le voit au Soudan (2018), en Algérie (2019), en Irak et au Liban (2019-2020). Malgré la peur, la répression et le

3. *Idem.*

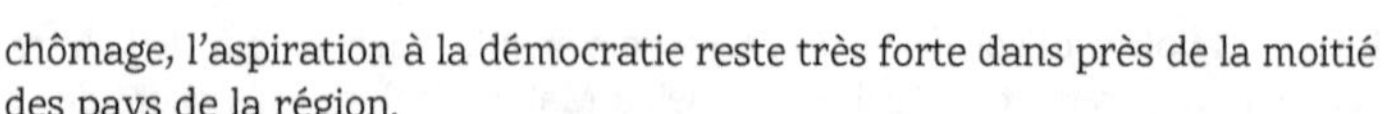

chômage, l'aspiration à la démocratie reste très forte dans près de la moitié des pays de la région.

Le processus demeure incertain, fragile, dans une ambiance lourde où la colère et la misère se conjuguent en réaction au refus des régimes en place de procéder à des réformes même modestes. Aussi, on observe que : « [L]a nouvelle génération rebelle se méfie [...] des anciennes formations politiques et idéologiques, sachant qu'elles ont abouti à l'autoritarisme bureaucratique [...] La nouvelle génération rebelle tient à l'organisation horizontale de base[4]. » Le Printemps arabe, en fin de compte, reste un processus de longue durée, comme l'ont été les changements radicaux qui ont surgi dans d'autres régions du monde.

## Pour en savoir davantage

### *Ouvrages de référence*

ACHCAR, Gilbert. *Symptômes morbides : la rechute du soulèvement arabe*, Arles, Actes Sud, 2018.

DAKHLI, Leyla (dir.). *L'esprit de la révolte : archives et actualité des révolutions arabes*, Paris, Seuil, 2020.

### *Sites Web*

ASSOCIATION ORIENT XXL. « Page d'accueil », *ORIENT XXL*, [En ligne], 2013, dernière mise à jour 26 mai 2022. [https://orientxxi.info/].

CHRONIQUE DE PALESTINE. *Page d'accueil*, [En ligne], 2016. [https://www.chroniquepalestine.com/].

4. Gilbert ACHCAR, *op. cit.*

# 10 Les nouveaux sentiers de l'altermondialisme[1]

*Nous sommes les 99 %.*

Slogan des participantes et participants d'*Occupy*

Après une première décennie de Forums, l'altermondialisme commence à se diffuser. Ses thèses se trouvent confirmées par les ravages de la crise financière de 2008 qui se font largement sentir avec la croissance du chômage et les inégalités grandissantes. À partir de 2011, dans le sillage du Printemps arabe, la colère devient palpable, notamment en Europe du Sud et en Amérique du Nord où des mouvements sociaux distinctifs apparaissent, ne suivant aucun autre chemin que celui qu'ils tracent eux-mêmes. Néanmoins, cette nouvelle vague de contestation rejoint plusieurs des éléments qui caractérisent les initiatives altermondialistes ébauchées depuis Porto Alegre. Pour illustrer cette évolution, nous allons nous pencher sur le mouvement des Indignés en Espagne et *Occupy Wall Street* (OWS) en Amérique du Nord.

## Les Indignés espagnols

Dès le printemps 2011, les mobilisations sont massives en Espagne face au chômage des jeunes, à la croissance de la pauvreté, aux expulsions de domicile. Par ailleurs, un grand débat éclate dans l'opinion publique sur la corruption du régime à la suite de diverses « affaires » où tant la droite que la gauche traditionnelle sont impliquées : élections truquées, médias complaisants, actes criminels perpétrés dans l'ombre par des services spéciaux. C'est dans ce contexte que des milliers d'Indignés se rassemblent à la Puerta del Sol à Madrid, la plus grande place publique de la métropole. Le Mouvement du 15 mai (15-M) était né, articulant la critique de la corruption de l'élite financière à celle de la collusion du personnel politique au service de cette élite.

Les manifestantes et manifestants cherchent des solutions de rechange : démocratie directe, mandat impératif, transparence des décisions, etc. On promet la décentralisation, y compris au sein du 15-M, via des assemblées de quartier favorisant la prise de parole des citoyens. Également, les Indignés

1. Ce chapitre est une version remaniée d'un texte écrit par Pascale Dufour.

insistent sur le caractère non-violent de leurs actions. La popularité des Indignés tient aussi à la simplicité de leurs revendications qui tiennent en quatre points : réforme du système économique et financier, lutte contre l'austérité et la corruption, réforme des systèmes politiques et construction d'une véritable démocratie citoyenne.

Pendant plusieurs mois, les Indignés utilisent abondamment les réseaux sociaux pour faire partie du débat public. Néanmoins, ces positionnements connaissent des difficultés à construire une solidarité durable entre cette multitude d'Indignés en situation précaire.

## Un jour à Wall Street : l'altermondialisme à la mode nord-américaine

En septembre 2011 à New York, quelques dizaines de manifestantes et manifestants se rassemblent dans le parc Zucotti, à quelques coins de rue de la bourse de Wall Street. Les jeunes, au lieu de manifester comme tout le monde, installent des tentes qui deviennent un campement permanent, où on reste, on mange, on fait la fête et on discute de l'état du monde. Face au symbole de la richesse spéculative mondiale, les occupants du parc public scandent un slogan qui fait fortune, « Nous sommes les 99 %. » Ce slogan confronte l'appropriation excessive des richesses par une infime minorité, son caractère immatériel et déconnecté de la vie des citoyens ordinaires, ainsi que le pouvoir excessif et non démocratique des institutions bancaires nationales et internationales.

Un peu plus tard, le mouvement migre vers une soixantaine de villes aux États-Unis, au Canada et dans d'autres pays, où des occupants campent dans des parcs qu'ils transforment en agoras permanentes où affluent de jeunes adultes éduqués, vivant des difficultés d'insertion sur le marché du travail et soumis à l'angoisse des dettes étudiantes. Parmi la foule, de nombreux militants et militantes, qui ont navigué depuis quelques années dans les groupes communautaires, les syndicats, les organismes de défense des droits des migrants, des groupes antiguerre ou des groupes de femmes.

En réalité, ce ne sont pas les plus démunis de la société qui se révoltent, mais ceux pour qui la perception du bien-être projeté est en décalage par rapport à leurs attentes et leur vécu. Depuis les années 1970 en Amérique du Nord, la classe moyenne s'est considérablement rétrécie du fait de la croissance des inégalités. Les protestataires dénoncent les abus des institutions financières qui, profitant de la crise de 2008, sont devenues encore plus puissantes. Alors, des centaines de milliards de dollars sont dépensés pour sauver les banques et plus de six millions de personnes ont perdu leur domicile dans la crise des prêts à haut risque, incapables d'honorer leurs paiements d'intérêt. De plus, un grand nombre d'étudiants qui terminent leurs études se retrouvent sans emploi ou au mieux gagnent péniblement leur vie comme coursier ou serveur. Pourtant, les gouvernements ne font rien face à cette situation, si ce n'est renforcer les systèmes répressifs. À New York, après quelques semaines d'occupation, les campements sont démantelés par la police.

Comme en Espagne, la mobilisation du groupe *Occupy* finit par décliner. Rapidement, un autre débat surgit : comment transposer ces mouvements de protestation sur la scène politique ?

## Le projet politique

En Espagne dès 2014, le noyau des Indignés se rapproche de dissidents de la gauche pour créer Podemos, qui se présente comme une solution de rechange politique. Aux États-Unis, un *outsider* qui se dit socialiste, Bernie Sanders, tente de gagner l'investiture démocrate en vue des élections présidentielles de 2016. Il est rejoint par des centaines de milliers de « vétérans » d'OWS. Des deux côtés, un sentiment existe parmi une frange importante de la population. Il faut contester les politiques en place et se réapproprier le pouvoir.

Les mobilisations post-2011 réaniment le conflit à propos de la structure des sociétés. En ce sens, elles s'inscrivent dans la dynamique de l'altermondialisme. Mais d'importantes questions demeurent dont celles de la transformation sociale qui dépasse le simple discours et s'incarne dans des réformes structurelles tangibles. Comment devenir des leviers efficaces de résistance sans solution politique organisée ? Doit-on prendre le pouvoir pour changer le monde ou est-il possible de changer le monde sans prendre le pouvoir ? Cette question du rapport au pouvoir, que John Holloway en s'inspirant du mouvement zapatiste entendait résoudre en substituant le « pouvoir faire » au « pouvoir sur », confronte les altermondialistes partout[2].

## Pour en savoir davantage

### *Ouvrages de référence*

CHOMSKY, Noam. *Occupy*, Paris, L'Herne, 2013.

HESSEL, Stéphane. *Indignez-vous !*, Montpellier, Indigène éditions, 2010.

Writers for the 99 %, *Occupy Wall Street : The Inside Story of an Action that Changed America*, Chicago, Haymarket Books, 2011.

LEHUEDE, Yannis, et Jean-Jacques ZIMERMANN. « *On nous appelle les Indignés !* » *: chronique parisienne – Vers une démocratie réelle*, Paris, L'Esprit Frappeur, 2012.

### *Site Web*

OCCUPY WALL STREET (OWS). *Latest News*, [En ligne], dernière mise à jour 28 octobre 2019. [http://occupywallst.org].

2. John HOLLOWAY, *Changer le monde sans prendre le pouvoir : le sens de la révolution aujourd'hui*, Montréal, Lux Éditeur, 2007.

# SECTION 3
# LES GRANDS ENJEUX CONTEMPORAINS

## 11 L'altermondialisme et la crise migratoire

*La crise migratoire n'existe pas.*
*C'est une crise de la solidarité.*

Christophe Deltombe

Selon l'ONU, plus de 280 millions de personnes ont migré hors de leurs pays en 2020, ce qui représente 3,6 % de la population mondiale[1]. À cela il faut ajouter les immigrants « illégaux » ou sans papier, dont le nombre est très approximatif, mais qui sont plusieurs dizaines de millions aux États-Unis et dans plusieurs pays de l'UE. En réalité, aux migrants, il faut ajouter la majorité des personnes qui se déplacent, mais qui restent dans leur propre pays. Ce sont, dans le langage onusien, les « déplacés », victimes de catastrophes climatiques de plus en plus nombreuses, de guerres civiles et de graves crises économiques.

Parmi les migrants se trouvent les « réfugiés », un autre terme onusien désignant les personnes qui traversent une frontière parce que leur vie est menacée. Selon le Haut-Commissariat pour les réfugiés (HCR), on compte 82,4 millions de réfugiés en 2020, provenant majoritairement de pays en guerre (Afghanistan, Soudan, Syrie, Somalie, Congo). Ils s'entassent dans des camps dans des pays du Sud alors qu'une petite minorité (14 % du nombre total de réfugiés) parvient à être acceptée dans les pays développés (essentiellement en Europe et en Amérique du Nord). Enfin, parmi les réfugiés, il y

1. Données disponibles sur le site de l'Organisation internationale pour les migrations (OIM) : https://www.iom.int/fr/donnees-et-recherche.

a les « demandeurs d'asile », qui arrivent aux frontières sans visa et revendiquent le droit d'entrer (plus de 4 millions, majoritairement vers les États-Unis, le Royaume-Uni, la Turquie, l'Italie, l'Allemagne et l'Afrique du Sud)[2].

Chaque migrant, chaque réfugié a une histoire spécifique. La plupart du temps, l'émigration est causée par la nécessité, pour des raisons économiques, pour la sécurité qu'on espère pour ses enfants, pour s'éduquer et aussi, malheureusement, pour fuir les massacres et la répression. En ce qui concerne l'accueil, les conditions varient. Des pays, les États-Unis par exemple, sont connus pour la détention des « illégaux » dans des conditions déplorables. Ailleurs, comme au Canada, les immigrants sans papier vivent dans des conditions précaires, mais ils bénéficient de droits sociaux en attendant la décision des autorités de les accepter ou de les refouler.

## Une cause altermondialiste

Le mouvement altermondialiste s'est préoccupé très tôt des enjeux migratoires, dès les premiers FSM. Un forum thématique, le Forum social mondial des migrations (FSMM), dédié spécifiquement à la question, a pris son envol dans la foulée des forums organisés en Afrique (à Bamako en 2006, puis à Nairobi en 2007). Les deuxième et troisième FSMM ont eu lieu en Espagne en 2006 et en 2008, dans une banlieue de la métropole espagnole, Rivas-Vaciamadrid, qui connaissait une forte croissance de la population immigrante. Puis, le FSMM a fait le tour du monde. Le quatrième a eu lieu à Quito, en Équateur en 2010, le cinquième à Manille, aux Philippines en 2012, puis le sixième à Johannesburg, en Afrique du Sud en 2014. Il revient en Amérique du Sud, au Brésil en 2016, puis le huitième a lieu à Mexico en 2018. La pandémie a interrompu momentanément la tenue de ces rassemblements.

Chacun de ces forums thématiques a été l'occasion de mettre à jour les paradoxes de la mondialisation néolibérale qui, si elle favorise la circulation de plus en plus rapide du capital financier et des flux d'investissement à travers le globe, prive par ailleurs les populations de nombreuses régions du monde de leurs conditions élémentaires de subsistance, les plongeant dans une situation de profonde insécurité et les poussant à fuir et à se confronter à des frontières bien réelles pour eux. Le dernier FSMM de Mexico en novembre 2018 s'est d'ailleurs déroulé au moment même où des caravanes regroupant des dizaines de milliers de migrants partis à pied de différents pays d'Amérique centrale (Honduras, Guatemala, Salvador) arrivaient dans la capitale mexicaine, en route vers les États-Unis, fuyant la violence généralisée, la corruption et la pauvreté.

## Les migrations dans la tourmente

Le phénomène migratoire a pris de l'ampleur avec le développement du système capitaliste depuis le 17e siècle à la faveur du développement du

2. Données disponibles sur le site de l'Agence des Nations Unies pour les réfugiés (UNHCR) : https://www.unhcr.org/fr/apercu-statistique.html.

commerce, mais aussi de la colonisation et de l'esclavagisme. La traite des esclaves, par exemple, a condamné des millions d'Africains à travailler dans les plantations coloniales des Amériques et des Caraïbes au 18e siècle. Aux 19e et 20e siècles, ce sont des millions d'Européens poussés par la misère et les guerres qui ont afflué vers les Amériques, constituant une grande partie de la main-d'œuvre dans les industries en émergence.

Depuis quelques années, les migrations sont devenues un enjeu polarisant. Pour certains, les migrants sont une menace pour l'ordre social. Cette rhétorique politique, qui tend à blâmer les migrants pour l'aggravation du chômage, alimente depuis de nombreuses années les partis de droite, notamment en Europe. Depuis les guerres en Afghanistan (2001) et en Irak (2003), ces discours stigmatisants à l'égard des migrants se développent aussi en Amérique du Nord. Un discours belliqueux s'est même imposé, faisant du migrant « l'ennemi intérieur » qui doit être surveillé, cantonné et éventuellement expulsé. Aux États-Unis, le *Patriot Act* permet la détention sans procès de centaines de migrants, y compris des enfants. Fait à noter, cet ennemi est souvent de religion musulmane et accusé de pratiques incompatibles avec la « modernité ».

## Solidaires pour la défense des droits

Les migrants, déplacés et réfugiés aboutissent la plupart du temps dans les pays limitrophes. Au Soudan et en Égypte, où se réfugient des centaines de milliers d'Éthiopiens et d'Érythréens, les migrants sont accueillis dans les bidonvilles où la solidarité communautaire les prend en charge. Pour les migrants qui se dirigent vers le nord, plusieurs situations sont observables. Aux États-Unis, où les politiques répressives anti-migrantes prévalent, certains groupes les aident malgré tout à franchir la frontière. Le long de la Méditerranée, des organisations essaient de secourir les gens sur les mers (tels SOS Méditerranée et Médecins Sans Frontières – MSF). Ces solidarités sont sanctionnées par des États (la France notamment) qui menacent ceux qui aident les sans-papiers de sévères peines de prison. D'autres organismes travaillent à faciliter l'intégration en matière de travail ou de logement.

Ce sont ces pratiques solidaires, qui vont à l'encontre des discours stigmatisants et alarmistes sur la crise migratoire, que les altermondialistes cherchent à promouvoir. Le dernier FSMM de Mexico a d'ailleurs particulièrement pris en compte la condition des personnes réfugiées. Il constate que « dans les pays d'accueil et le long des frontières de ces flux migratoires [...] au Mexique, sur les rivages de la Méditerranée, dans les zones de conflit comme en Syrie [...], des gens sont en péril, mais d'autres leur viennent en aide[3] ». Pour les participants et participantes au FSMM de Mexico, ces gens incarnent le refus de l'inacceptable et sont le « rempart de la solidarité humaine contre la barbarie[4] ».

3. Pierre BEAUDET, « Nous sommes tous des migrants ! », *Plateforme altermondialiste*, [En ligne], 28 octobre 2018. [https://alter. quebec/nous-sommes-tous-des-migrants/] (Consulté le 21 février 2022).

4. *Idem.*

Ce travail de première ligne est fondamental, mais il reste cependant symbolique puisque l'aide apportée ne touche qu'une petite minorité des migrants et réfugiés. C'est pour cette raison que l'altermondialisme et plus spécifiquement les ONG œuvrant sur cette thématique ont inséré dans leurs priorités la défense des droits, inspirée par la Déclaration universelle des droits de l'homme, qui énonce dans son article premier que « [t]ous les êtres humains naissent libres et égaux en dignité et en droits[5] ».

Sur le plan international, une avancée partielle a été réalisée en 2018 avec l'endossement par 164 pays du Pacte mondial pour des migrations sûres, ordonnées et régulières (aussi appelé Pacte mondial sur les migrations) de l'ONU, qui affirme la nécessité de munir les migrants de pièces d'identité, de combattre la traite de personnes, d'aider les migrants vulnérables, de limiter au maximum la détention administrative, d'éliminer toute forme de discrimination, tout en s'attaquant aux causes qui poussent les personnes à l'exil. Pour les mouvements de défense des droits, ce Pacte a cependant le défaut de ne pas obliger les États signataires à le mettre en œuvre. Par ailleurs, depuis l'explosion de la COVID-19 au printemps 2020, les restrictions contre les migrants ont été de nouveau radicalement multipliées.

> À l'évidence, tel qu'il est proposé dans sa version finale, le Pacte [mondial pour les migrations] s'apparente à une recherche de consensus entre des États sur la gestion sécuritaire des migrations et une recherche de renforcements des mesures sécuritaires pour mettre fin au principe inaliénable de la liberté de circulation et risque de devenir un outil pour légitimer des reculs au niveau des droits des migrants plutôt qu'un instrument pour une gouvernance respectueuse du droit international et des droits des migrants. Il peut servir, d'une part, pour justifier des politiques d'exclusion et de criminalisation des migrants et, d'autre part, pour concrétiser les rêves des pays du Nord, maintes fois annoncés, à savoir l'immigration choisie (qui vide les pays du Sud de leurs compétences) et l'immigration jetable.
>
> Face aux défis migratoires d'aujourd'hui, face à la montée des discours et actes populistes, discriminatoires et racistes, nous, organisations de la société civile réunies au sein du FSMM à Mexico, réaffirmons notre attachement aux droits fondamentaux des personnes migrantes et de leurs familles. La seule réponse sensée est celle de la solidarité et de l'égalité des droits pour tous. Une politique juste est celle qui se met au service de la personne, de toutes les personnes indépendamment de leur race, leur religion, leur sexe ou leur nationalité, qui prévoit des solutions adaptées pour garantir la sécurité, le respect des droits, de la justice et de la dignité pour tous, qui sait voir le bien de son propre pays en prenant en compte celui des autres pays, dans un monde toujours plus interconnecté.
>
> Déclaration du FSMM sur le Pacte mondial sur les migrations[6]

5. ORGANISATION DES NATIONS UNIES, « Déclaration universelle des droits de l'homme », [Fichier PDF], 10 décembre 1948. [https://www.humanrights.ch/cms/upload/pdf/151028_declarationhumanrights_fr.pdf] (Consulté le 21 février 2022).
6. FORUM TUNISIEN POUR LES DROITS ÉCONOMIQUES ET SOCIAUX, « Déclaration du FSMM sur le Pacte Mondial migrations – Mexico », [En ligne], 6 novembre 2018.

## Pour en savoir davantage

### *Ouvrages de référence*

COLLECTIF D'ANALYSE POLITIQUE. « Migrations : stratégies, acteurs, résistance », *Nouveaux cahiers du socialisme*, n° 5, février 2011.

FELD, Serge. *Les migrations internationales et le développement : l'exode de compétences et les envois de fonds émigrés*, Paris, L'Harmattan, 2019.

GEMENNE, François (dir.). *Migrations internationales : un enjeu Nord-Sud ?*, Paris, Syllepse et Centre Tricontinental, 2015.

### *Sites Web*

CENTRE SUR LES DROITS HUMAINS EN AMÉRIQUE LATINE. *Page d'accueil*, [En ligne], 2016. [https://www.cdhal.org/].

ORGANISATION DES NATIONS UNIES (ONU). *Migrations internationales 2020*, [En ligne], 2020. [https://www.un.org/development/desa/pd/news/international-migration-2020].

[https://ftdes.net/declaration-du-fsmm-sur-le-pacte-mondial-migrations/] (Consulté le 21 février 2022).

# 12 La nouvelle vague féministe

*Il existe aujourd'hui une perspective dite féminine, qui découle simplement du fait que la plupart des femmes ont fait l'expérience d'une objectification et d'une minorisation. Pourtant j'espère qu'un jour on pourra réussir à raconter des histoires sans normes de genre qui resteraient conscientes des inégalités et des injustices.*

Rowan Blanchard (comédienne de 16 ans)

Le mouvement féministe a connu différentes vagues dans son histoire. À chacune de ces périodes historiques, l'objectif général demeure le même : l'émancipation des femmes. Mais ce qui varie, ce sont les revendications mises de l'avant et surtout les stratégies employées. Il faut revenir sur les différents moments du féminisme pour voir en quoi les deux dernières vagues participent de l'altermondialisme et surtout peuvent permettre d'en renouveler les stratégies et les perspectives, tout en alimentant une nouvelle conflictualité sociale.

## Les quatre vagues du féminisme

Le mouvement féministe moderne naît dans la lutte pour l'égalité des droits civils et politiques entre hommes et femmes. Prenant appui sur les initiatives courageuses des précurseures telles qu'Olympe de Gouges ou Flora Tristan, cette première vague de revendication articulée autour des droits (droits civils mais aussi de l'éducation et du travail) va stratégiquement se concentrer sur la reconnaissance du droit de vote des femmes. Portée par le mouvement des suffragettes qui naît en Grande-Bretagne au 19e siècle, cette bataille pour l'égalité politique durera près d'un siècle. La seconde vague émerge au tournant des années 1960 avec la lutte pour la libération des femmes de la domination masculine. Au-delà de la reconnaissance de droits civils et politiques formels, il s'agit de s'attaquer aux formes d'oppressions plus profondément ancrées dans les rapports sociaux et familiaux. La maternité, entre autres, est directement ciblée comme un moyen d'oppression des femmes et la bataille féministe se déplace sur le terrain du droit à l'avortement et à la contraception. Le Mouvement de libération des femmes (MLF) revendique alors la reprise du contrôle des femmes sur leur corps et leur sexualité. Dans le sillage du droit au divorce, les combats pour l'autonomie économique des femmes donnent naissance à de nouveaux services comme les garderies populaires.

La troisième vague féministe apparaît au cours des années 1990 aux États-Unis. Elle s'articule autour de la lutte pour la reconnaissance de la diversité des revendications féministes liées à des groupes racisés et minorisés dans la société. Elle prend appui sur l'approche intersectionnelle qui met de l'avant la diversité des identités, des inégalités et des formes d'oppression (de classe, de race et de genre) qui se manifestent et sont vécues dans la plupart des sociétés. Cette ouverture précoce du mouvement à la diversité va lui permettre de renforcer la solidarité des luttes féministes, de l'échelle locale à l'échelle mondiale, ce qui n'est pas sans lien avec le succès de la MMF comme nous avons pu le voir précédemment (chapitre 6).

Depuis quelques années, le monde assiste au déferlement de la quatrième vague féministe, articulée autour de la lutte contre le harcèlement sexuel et la violence faite aux femmes. Ces nouvelles formes de mobilisation, dont la plus connue est le mouvement mondial #MeToo, ont largement utilisé les réseaux sociaux pour libérer la parole des victimes et transformer ces témoignages personnels en véritable phénomène social. Profitant des acquis de la révolution numérique, cette nouvelle vague féministe a ouvert un espace à la fois d'expression et de mobilisation, permettant de dénoncer la culture du viol et de révéler l'aspect systémique des oppressions à l'égard des femmes, mais pas seulement. La déferlante de révélation d'agressions non dénoncées, tout comme les nouvelles accusations contre des personnalités publiques, met en évidence un système juridique incapable de rendre justice aux victimes, lorsque leur parole est opposée à celle des agresseurs.

## Féminismes et altermondialisme

Le mouvement féministe a donc évolué au cours de son histoire en adaptant ses stratégies d'action et ses revendications au contexte historique et social dans lequel il se manifestait. Ainsi, à la revendication première de plus d'égalité entre les femmes et les hommes, le mouvement en est venu à exiger plus de liberté, puis plus de diversité, de prise de parole et finalement plus de respect, de dignité et de justice. Ces deux derniers idéaux, dignité et justice, ont par ailleurs été centraux dans les revendications du Printemps arabe et ont constitué le slogan des deux FSM organisés en Tunisie en 2013 et 2015.

Les dernières vagues du féminisme sont apparues dans le contexte d'essor de la mondialisation néolibérale. Elles ont accompagné l'émergence de l'altermondialisme, le nourrissent et s'en inspirent. La reconnaissance de la diversité des formes d'oppressions, des luttes, des revendications et des stratégies est commune au projet altermondialiste et au mouvement féministe. De même que la nécessaire solidarité d'action entre les mouvements, mais aussi entre les différentes causes défendues. Le rapport au territoire d'action est un autre élément qui permet de lier le mouvement féministe et la perspective altermondialiste. Que ce soit par l'articulation évidente entre

les échelles d'actions locales et mondiales, mais aussi dans l'intérêt sans cesse affirmé que le corps, l'intimité et la conscience sont aussi des terrains de lutte essentiels pour transformer les rapports sociaux de domination. Changer le monde commence par se changer soi-même, puis sa relation à l'autre et à sa communauté. Finalement, la reconnaissance de l'égale dignité de toutes et tous du droit à la parole et surtout à la dénonciation des abus de pouvoir sont aussi des points de convergence entre l'altermondialisme et le féminisme.

Finalement, tout comme l'altermondialisme, le féminisme n'est pas un mouvement homogène. Il est traversé par de nombreux courants (égalitaire, différentialiste, anarchiste, radical, Black, postcolonial, intersectionnel, postmoderne, écoféministe, etc.) et se décline sous des formes politiques, culturelles, artistiques, philosophiques, identitaires. Certains prônent des stratégies plus réformistes, d'autres plus radicales et tous n'ont pas le même terrain d'action. Certains courants peuvent aussi s'opposer entre eux, comme c'est le cas d'ailleurs dans tous les mouvements sociaux. Le défi consiste alors à continuer à concevoir cette diversité constitutive comme une puissance de transformation permettant d'agir de concert sur différents fronts, plutôt que comme une source de fragmentation limitant l'efficacité du mouvement.

## Retour de la conflictualité féministe

Les revendications féministes des dernières années, un peu partout sur la planète, ont connu une visibilité importante grâce aux nouvelles technologies. Cela a certainement favorisé un renouvellement au sein du mouvement et offert de nouveaux moyens au service de la dénonciation systémique des mécanismes d'oppressions. Cela a permis de faire les liens entre les différentes luttes à travers le monde tout en constatant que les différentes vagues n'ont pas encore touché tous les rivages. Il est cependant évident que la visibilité médiatique donnée à des formes d'action plus radicales, associée à une libération grandissante de la parole via les réseaux sociaux, a renforcé la combativité du mouvement.

Le mouvement controversé des Femen, qui est apparu en Ukraine en 2008, illustre cette nouvelle radicalité qui utilise le corps en partie dénudé et porteur de message comme « arme de médiatisation massive » pour dénoncer le sexisme et les violences faites aux femmes. Cette dénonciation du sexisme a d'ailleurs été reprise par le vaste mouvement des *Pussy Hats* apparu aux États-Unis lors de l'investiture de Donald Trump en janvier 2017, afin de dénoncer ses propos sexistes et misogynes. Près de deux millions de personnes avaient alors manifesté à Washington ainsi que dans plusieurs autres villes du pays en arborant le bonnet de laine rose à oreilles de chat. Ce symbole sera ensuite repris dans de nombreux pays pour dénoncer les violences et les oppressions, mais aussi défendre le droit à l'avortement. Sur ce front d'ailleurs, une importante victoire a été remportée en Argentine le 30 décembre 2020 avec la légalisation de l'avortement. Une bataille de longue haleine en Amérique latine, car seuls Cuba, l'Uruguay, la Guyane et l'État de Mexico autorisent l'avortement.

## Pour en savoir davantage

### *Ouvrages de référence*

PAVARD, Bibia, Florence ROCHEFORT et Michelle ZANCARINI-FOURNEL. *Ne nous libérez pas, on s'en charge : une histoire des féminismes de 1789 à nos jours*, Paris, La Découverte, 2020.

BARD, Christine. *Féminismes : 150 ans d'idées reçues*, Paris, Le Cavalier Bleu, 2020.

PAQUETTE, Brigitte. *La déferlante #MoiAussi : quand la honte change de camp*, Saint-Joseph-du-Lac, M Éditeur, 2018.

### *Sites Web*

MOUVEMENT *ME TOO*/MOI AUSSI. *Page d'accueil*, [En ligne], 2022. [https://metoomvmt.org].

WIKIGENDER. *Page d'accueil*, [En ligne], 2015. [https://www.wikigender.org].

# 13 Crise écologique et altermondialisme

> *Résoudre la crise climatique est le défi le plus important et le plus ambitieux que les Homo sapiens ont eu à affronter. La solution est pourtant si simple que même un enfant pourrait la comprendre. Il faut arrêter nos émissions de carbone. [...] Mais que faire au juste quand il n'y a aucune volonté politique ?*
>
> Greta Thunberg

Pour la célèbre militante écologiste suédoise qui, sur cet enjeu, incarne à bien des égards un point de vue très répandu dans une partie de la jeunesse, la crise écologique est le défi majeur de notre temps. Conséquence d'un modèle de développement énergivore et non respectueux des limites de la planète et de l'être humain, elle risque d'accentuer dramatiquement tous les défis auxquels les sociétés sont actuellement confrontées : inégalités, discriminations, pression migratoire, conflits, etc. Pour l'altermondialisme, la crise écologique rend d'autant plus urgente la construction d'un autre monde. Or, face au manque de volonté réelle des décideurs politiques de rompre avec le modèle dominant en imposant des réformes structurelles majeures, le défi qui se pose aujourd'hui au mouvement altermondialiste est le suivant : comment déclencher collectivement une transition sociale et écologique ?

## L'Anthropocène : le nouvel âge de l'humanité

Pour de nombreux experts, la planète vit désormais à l'ère de l'Anthropocène. C'est-à-dire une époque où l'impact environnemental de l'activité humaine est tel qu'il transforme les conditions de la vie sur Terre. Selon cette perspective, l'humanité ne fait pas face à une simple crise environnementale, mais bien à une révolution géologique d'origine humaine. Les constats scientifiques sont nombreux et le Groupe d'experts intergouvernemental sur l'évolution du climat (GIEC) en rend compte dans ses rapports depuis la fin des années 1980. La planète se réchauffe, la biodiversité diminue et plusieurs y voient les conditions d'une crise généralisée de notre civilisation industrielle, urbaine et consumériste, et peut-être même un effondrement de toute forme de société. Il existe désormais une discipline dédiée à l'étude de cette transition radicale : la collapsologie.

> Ainsi, du fait même que nous suivons de plus en plus cette voie non durable, les problèmes mondiaux d'environnement *seront* bel et bien résolus, d'une manière ou d'une autre, du vivant de nos enfants. La seule question est de savoir si la solution ne sera pas trop désagréable, parce que nous l'aurons choisie, ou désagréable, parce qu'elle se réglera sans que nous l'ayons choisie par la guerre, le génocide, la famine, les épidémies et l'effondrement des sociétés.
>
> Jared Diamond[1]

La prise de conscience environnementale n'est cependant pas nouvelle. La première Conférence des Nations Unies sur l'environnement a été organisée en 1972 à Stockholm, en Suède, plus de trente ans avant la naissance de Greta Thunberg. De nombreux rendez-vous internationaux ont suivi : Sommet de la terre à Rio (1992), Conférence de Kyoto (1997), Rio+20 (2012), COP21 de Paris (2015). On ne compte plus les rapports, déclarations de principes, plans d'action et agendas promus à l'échelle internationale sur le sujet depuis maintenant un demi-siècle.

Cette prise de conscience a aussi été alimentée par les catastrophes écologiques qui n'ont cessé de ponctuer l'actualité au cours de la même période. Que ce soit la multiplication des marées noires depuis la fin des années 1960 (Torrey Canyon en 1967, Amoco Cadiz en 1978, Exxon Valdez en 1989, Prestige en 2002, Deepwater Horizon en 2010), les accidents nucléaires (Tchernobyl en 1986 et Fukushima en 2011), les catastrophes industrielles (Seveso en 1976, Bhopal en 1984, Jilin en 2005) et plus récemment les grandes catastrophes climatiques (ouragan Katrina en 2005, canicule dans le sud de l'Europe en 2007, inondations au Pakistan en 2010, sécheresse en Afrique de l'Est en 2019, incendies en Australie en 2020).

Malheureusement, cette prise de conscience environnementale a eu peu d'impacts en matière d'action publique, même si certaines améliorations marginales peuvent être constatées dans certains secteurs (comme avec l'adoption en 1987 du Protocole de Montréal pour lutter contre les gaz CFC responsables du trou dans la couche d'ozone par exemple). Selon les données de l'Agence internationale de l'énergie, la production énergétique mondiale continue de croître (elle a même augmenté de 50 % depuis les années 2000) et la part des énergies fossiles y est toujours très majoritaire (86 % en 2018)[2].

## Changeons le système, pas le climat

Depuis les années 1970, le mouvement environnementaliste se construit autour de grandes ONG comme Greenpeace ou le *World Wildlife Fund* (WWF), mais aussi au travers de milliers d'initiatives locales un peu partout dans le monde. Cependant, à l'image de l'altermondialisme, ce mouvement

1. Jared DIAMOND, *Effondrement : comment les sociétés décident de leur disparition ou de leur survie*, Paris, Gallimard, 2006, p. 756. L'ouvrage original en anglais, intitulé *Collapse*, est paru aux États-Unis en 2005.
2. Données disponibles sur le site de l'Agence internationale de l'énergie (AIE) : https://www.iea.org/data-and-statistics.

est loin d'être homogène et comprend une grande diversité de groupes qui se distinguent notamment par leurs stratégies d'action et leurs visions de la société. De plus, l'imposition de politiques industrielles qui entrent en contradiction avec les revendications environnementales (construction de pipelines, de sites miniers, d'infrastructures aéroportuaires, etc.) conduit à l'émergence de nouvelles formes d'activisme qui combinent lutte pour l'environnement et critique du capitalisme, occupation locale et solidarité mondiale, performance artistique et message politique.

À partir des années 1990, des actions plus directes sont menées, au Royaume-Uni notamment avec l'installation de camps de protestation sur les sites visant la construction d'autoroutes. Ce mouvement anti-route et anti-voiture s'illustre aussi par des occupations artistiques et festives de rues, comme celle menée à Londres par le collectif *Reclaim the Streets* qui naît à Londres en 1991. Très vite, le mouvement prend une tournure anticapitaliste et ressent le besoin de s'articuler internationalement. Il organise en 1999 le premier *Global Street Party* avec pour slogan : « Our Resistance is as Transnational as Capital » (« Notre résistance est aussi transnationale que le capitale »). Ce même collectif organise en juin 1999 l'occupation d'une grande partie de la Cité de Londres, afin d'y organiser le *Carnival Against Capital* (Carnaval contre le capitalisme), en réaction au sommet du G8 qui se tenait au même moment à Cologne, en Allemagne. Ces stratégies d'action vont inspirer les Camps Action Climat qui vont se multiplier en Europe et ailleurs à partir du milieu des années 2000, ainsi que sous une forme plus radicale les Zones à défendre (ZAD) qui se multiplient au tournant des années 2010 et visent à occuper le territoire pour empêcher la construction de grands projets inutiles et imposés.

Le Sommet de Copenhague sur le climat (COP15) de 2009 a joué un rôle très important dans l'élargissement et la radicalisation du mouvement. Cette nouvelle conférence de l'ONU sur le climat survenait alors que le monde était aux prises avec la plus grave crise économique depuis les années 1930, et les attentes étaient très fortes chez ceux qui y voyaient une occasion d'opérer un changement majeur du système en place. Or, une fois de plus, les États n'ont pas pu prendre des engagements contraignants visant à réduire les émissions de CO2, malgré les 50 000 manifestants et manifestantes qui scandaient dans les rues : changez le système, pas le climat ! Le thème de la justice climatique s'est alors imposé et a permis de faire converger les différents acteurs du mouvement autour de la lutte contre les causes structurelles du problème, mais aussi de rallier les autres composantes du mouvement altermondialiste. Le FSM de Belém, organisée en janvier 2009 au cœur de l'Amazonie brésilienne, a permis de lier les luttes pour la justice sociale et environnementale, tout en donnant une place de premier plan aux peuples autochtones dans ce combat. La Conférence mondiale des peuples sur le changement climatique et les droits de la Terre mère, organisée en 2010 à Cochabamba à l'invitation du président bolivien Evo Morales, s'inscrivait dans cette même logique. Cette conférence voulait pallier l'échec de Copenhague et a débouché sur un projet de Déclaration universelle des droits de la Terre mère qui évoquait la création d'un tribunal international pour la justice climatique et environnementale. Ces propositions n'ont cependant pas été reprises par la communauté internationale.

## Se rebeller contre l'extinction

Devant l'urgence climatique et confrontée à ce qu'il juge être de l'inaction de la part des gouvernements malgré les preuves scientifiques qui s'amoncellent, l'activisme écologiste se fait de plus en plus virulent. C'est tout un système reposant sur des structures de production, de consommation et de domination façonnées selon des logiques capitalistes, extractivistes et néocolonialistes qui est dénoncé. Les luttes localisées se multiplient. En Allemagne, depuis 2015, le mouvement Ende Gelände (jusqu'ici et pas plus loin) bloque les mines de charbon. Au Canada et aux États-Unis, la lutte contre les pipelines liés à l'exploitation des sables bitumineux de l'Alberta fédère les organisations écologistes, les groupes citoyens et les peuples autochtones. Au Brésil, le Mouvement des personnes affectées par les barrages a repris de la vigueur à la suite des catastrophes écologiques de Bento Rodrigues (2015) et de Brumadinho (2019), de même que le mouvement antinucléaire au Japon à la suite de Fukushima (2011).

Certes, le mouvement continue de se mobiliser à l'occasion des grandes conférences sur le climat, comme cela a été le cas lors de la COP21 à Paris, en 2015. À cette occasion, le collectif Alternatiba, né au Pays basque en 2013, a fait un immense travail de conscientisation et de mobilisation organisant plus d'une centaine d'événements appelés « villages des alternatives » dans différentes communautés ainsi qu'une tournée de 6000 kilomètres à vélo à travers l'Europe. Mais pour toute une nouvelle génération d'activistes, il n'y a plus grand-chose à attendre de ces négociations internationales, car le lien de confiance est rompu. Il semble falloir passer à une autre étape pour forcer les gouvernements à agir.

Tel est le sens de l'appel à la grève scolaire pour le climat lancé au mois d'août 2018 par la jeune Suédoise Greta Thunberg, dont le hashtag #FridaysForFuture est devenu viral sur les réseaux sociaux, lançant ainsi un mouvement mondial de grève pour le climat. C'est aussi l'option privilégiée par le mouvement *Extinction Rebellion*, créé au Royaume-Uni en octobre 2018. Il prône l'action directe non-violente et la désobéissance civile de masse pour forcer les gouvernements à écouter les scientifiques et prendre immédiatement des mesures concrètes pour enrayer l'effondrement de la biodiversité et réduire les émissions de gaz à effet de serre afin de parvenir à la carboneutralité d'ici 2025. Il compte actuellement plus de 1000 groupes locaux dans 75 pays.

Cette radicalité émergente dans les mouvements écologistes des pays du Nord, placée sous le signe de l'urgence climatique, est importante compte tenu de l'impact majeur de ces pays dans la crise climatique. Ils ne doivent cependant pas occulter les actions tout autant radicales, mais souvent moins médiatisées, des mouvements du Sud. Pensons aux paysans indiens en lutte depuis des années contre Monsanto et le secteur agroalimentaire, ou encore aux peuples autochtones d'Amazonie qui luttent contre la déforestation souvent au péril de leur vie et de leurs communautés. Sur ce thème aussi, l'ambition de l'altermondialisme est de construire des ponts.

## Pour en savoir davantage

### *Ouvrages de référence*

KLEIN, Naomi. *Tout peut changer : capitalisme et changement climatique,* Arles, Actes Sud, 2015.

SERVIGNE, Pablo, et Raphaël STEVENS. *Comment tout peut s'effondrer : petit manuel de collapsologie à l'usage des générations présentes,* Paris, Seuil, 2015.

THUNBERG, Greta. *Rejoignez-nous : #grèvepourleclimat,* Paris, Éditions Kero, 2019.

### *Sites Web*

EXTINCTION REBELLION. *Page d'accueil,* [En ligne], s. d. https://rebellion.global/.

FRIDAYS FOR THE FUTURE (LES VENDREDIS POUR L'AVENIR). *Page d'accueil,* [En ligne], 2022. https://fridaysforfuture.org/.

GREENPEACE. *Greenpeace International,* [En ligne], 2022. https://www.greenpeace.org/international/.

# 14 L'alteréconomie

*L'autre économie, n'est pas une économie rêvée, c'est une économie qui existe, tant au niveau théorique que pratique, mais qui est occultée dans les versions dominantes de l'économie fournies par la plupart des médias comme la recherche et l'université.*

Jean-Louis Laville et Antonio David Cattani

Dès les débuts de la Révolution industrielle, de nombreux penseurs et praticiens ont développé une vision critique du système qui s'imposait et imaginé des manières différentes de s'organiser et de produire. Des luddites aux saint-simoniens, en passant par Fourier, Owen, Proudhon et Louise Michel, ils ont cherché à construire une nouvelle société fondée sur une autre économie, qui donne la priorité à l'être humain face à la recherche de profit, sans pour autant se soumettre au dirigisme de l'État. C'est cette autre économie, non capitaliste et non étatique, qui préfigure dans une perspective altermondialiste, un changement mondial de système conduisant à un projet de société postcapitaliste.

## De l'économie sociale à l'économie solidaire

Les premières formes d'économie sociale remontent au début du capitalisme avec les organismes d'entraide et de solidarité qui se développent dans les quartiers populaires britanniques, de concert avec les organisations syndicales et politiques du mouvement ouvrier. Dès la fin du 19e siècle, des mutuelles, des coopératives de travail et des associations ouvrières sont apparues, et se sont développées au 20e siècle comme une protection sociale complémentaire à celle assurée par les pouvoirs publics. De nos jours, l'économie sociale est perçue comme une occasion de revaloriser la société civile, de démocratiser la réponse à plusieurs besoins non satisfaits en générant de nouveaux emplois, et surtout de questionner à la fois le marché et l'État.

Concrètement, les entreprises d'économie sociale prônent un mode de gestion plus participatif et démocratique de la production et affichent une volonté de participer au développement des communautés dans lesquelles elles s'insèrent, notamment en mettant à contribution les ressources humaines locales.

> L'économie solidaire s'appuie sur la coopération, le partage et l'action collective. Elle place la personne humaine au centre du développement économique et social.
>
> La solidarité en économie repose sur un projet tout à la fois économique, politique et social, qui entraîne une nouvelle manière de faire de la politique et d'établir les relations humaines sur la base du consensus et de l'agir citoyen.
>
> La déclaration de Lima[1]

Plusieurs voient cependant dans l'économie sociale une simple adaptation aux contraintes du néolibéralisme qui menace les acquis sociaux. Elle accompagnerait la disparition des emplois du secteur public, aux conditions sociales avantageuses, au profit de la multiplication d'emplois précaires et de piètre qualité dans le monde communautaire, emplois majoritairement occupés par les femmes. Il est vrai qu'avec l'imposition de la mondialisation néolibérale au tournant du 21e siècle, l'économie sociale ne s'est pas véritablement imposée comme une alternative au modèle dominant. En devenant solidaire, l'économie sociale est surtout apparue comme une manière de pallier les défaillances de plus en plus grandes du système public, autant qu'à celles du secteur privé, et parallèlement, de créer un espace d'organisation qui permettait aux populations défavorisées de participer à la lutte pour la « grande transition ».

## L'autre économie et l'altermondialisme

Il n'en demeure pas moins que les acteurs du monde de l'économie sociale et solidaire ont joué un rôle dans la genèse de l'altermondialisme. À l'occasion du sommet du G7 à Paris en 1989, un contre-sommet alternatif portant sur les thèmes de la démocratie économique et de la dette des pays du tiers-monde a permis de fédérer des associations locales de lutte contre le chômage et la pauvreté, ainsi que des collectifs d'éducation populaire et de solidarité internationale, pour dénoncer les inégalités économiques, le capitalisme financier et la mondialisation. Cela a conduit, dans les années 1990, à une réorientation des organisations d'économie sociale et solidaire jusqu'alors principalement actives à l'échelle nationale, vers des réseaux internationaux et des actions mondiales.

Au Québec, par exemple, ce mouvement a pris de l'élan après la première Rencontre internationale sur la globalisation des solidarités à Lima, au Pérou en 1997. C'est à la suite de cette rencontre que les organisations québécoises ont décidé de former le Groupe d'économie solidaire du Québec (GESQ), l'organisateur principal de la IIe Rencontre internationale sur la globalisation de la solidarité qui s'est tenue en 2001 à Québec.

Par ailleurs, le mouvement de l'économie sociale a été très présent au FSM. Le GESQ a contribué, avec d'autres réseaux nationaux comme le Grupo Red de Economía Solidaria del Perú et le Groupe sénégalais d'économie

1. Réseau intercontinental de promotion de l'économie sociale solidaire, « La déclaration de Lima » [Fichier PDF], 4 juillet 1997. [http://www.ripess.org/wp-content/uploads/2017/07/declaration_lima1997_FR.pdf].

sociale et solidaire, à la construction du Réseau intercontinental de promotion de l'économie sociale solidaire (RIPESS), qui regroupe une soixantaine de groupes et réseaux, principalement des Amériques, de l'Afrique et de l'Europe et a pour objectif de favoriser le renforcement des dynamiques continentales.

## La résistance au néolibéralisme et l'auto-organisation démocratique

La contestation de la mondialisation néolibérale a suscité des expériences d'auto-organisation qui ont pu renforcer le caractère anti-systémique de la perspective de l'économie sociale et solidaire. Cela a été le cas lors de la crise économique de 2001 en Argentine qui a entraîné de nombreuses fermetures d'usines et la fuite de capitaux. Pour faire face, des collectifs de travailleurs ont « récupéré » les entreprises pour sauvegarder leurs emplois. En 2017 on comptait 368 entreprises récupérées en Argentine qui embauchaient plus de 15 000 personnes[2].

Au Brésil, le MST est né dans les années 1980, pour lutter contre la concentration des terres entre les mains de grands propriétaires fonciers, favorisés par les politiques néolibérales de l'époque. La méthode privilégiée par le mouvement a consisté à occuper la terre et établir des campements qui fonctionnent selon des principes démocratiques et participatifs. Au milieu de la première décennie des années 2000, on dénombre au Brésil 600 campements du MST où vivent 80 000 familles.

On retrouve aussi des résistances autogestionnaires dans les pays du Nord. Les ZAD, par exemple, sont des occupations territoriales visant à résister à des mégaprojets économiques ou d'infrastructure. La ZAD la plus connue est certainement celle de Notre-Dame-des-Landes, en France contre un projet de construction d'un aéroport dans un milieu humide. La résistance des familles qui y ont vécu pendant quatre ans a permis l'abandon du projet.

Dans le contexte de la crise financière de 2008 et avec le renouveau du cycle de contestation sociale, ces expériences constituent autant de laboratoires d'auto-organisation et de luttes qui jettent les bases de solutions de rechange économiques dans une perspective de transformation sociale.

L'idée d'un FSM sur les économies transformatrices a germé au FSM de Montréal en 2016. Prévu initialement au printemps 2020 à Barcelone et tenu en virtuel en 2021, le Forum social mondial des économies transformatrices (FSMET) a tenté d'entreprendre un processus de convergence de différents secteurs caractéristiques de ce nouvel âge de l'autre économie. Le FSMET avait identifié quatre champs structurants, soit l'économie sociale et solidaire, l'économie basée sur les communs, les économies féministes, ainsi que l'agroécologie et le mouvement pour la souveraineté alimentaire.

2. Natalia HIRTZ, « Argentine : mouvement d'entreprises récupérées par les travailleurs. euses et nouvelles formes de gouvernance – Actes du 56e Congrès international des américanistes », *GRESEA*, [En ligne], 28 août 2019. [https://gresea.be/Argentine-mouvement-d-entreprises-recuperees-par-les-travailleurs-euses-et] (Consulté le 21 février 2022).

## Les économies de transformations sociales et la transition écologique

Les économies transformatrices visent le développement durable à partir de « logiques organisatrices et distributives égalitaires ». Elles permettent de mettre en lumière les expériences innovantes qui offrent une autre approche des changements économiques. Ces expériences concrètes de pratiques économiques alternatives peuvent inspirer toute démarche mondiale de transition écologique.

> La crise financière globale [*sic*] qui a éclaté en 2007 (fruit, précisément, de la collusion entre les pouvoirs politiques établis et les élites financières, et leur frénésie d'accumulation de de [*sic*] capital) montre la nécessité de remettre en question les fondements même [*sic*] de l'ordre économique établi. Une multitude de voix anonymes, sur toute la planète, s'unissent dans une clameur qui appelle à la destitution des régimes établis, depuis les indigné.e.s jusqu'aux printemps arabes, en passant par le mouvement Occupy.
>
> La non-médiatisation de ces mouvements s'accompagne d'un courant silencieux construit sur les sédiments du Un [*sic*] autre monde est possible, du mouvement anti-globalisation [*sic*] et des traditions historiques comme le coopérativisme et les économies communautaires. Un courant pensant et agissant qui élabore dans l'ici et le présent des modes de vie, des pratiques économiques (dans les domaines du travail, du logement, de la consommation, du vivre ensemble) fondés [*sic*] sur des bases matérielles et culturelles diamétralement opposées au régime du capitalisme vieillissant, qui démontrent que d'autres modes de vie sont possibles, même si tout cela doit s'opérer depuis la marge bien étroite concédée par l'économie du capital.
>
> Ces économies autres, qui, ces dernières années se sont développées et renforcées hors du champ des élites (mais aussi malheureusement, des majorités sociales), se trouvent donc en plein processus d'accumulation de forces. Un des principaux défis à relever sur ce chemin est la construction d'un récit commun : une vision d'ensemble qui permette d'identifier et d'agencer les différentes propositions, et de les agglutiner pour construire un récit plus large et partagé, de transformation économique. [...]
>
> Il ne s'agit plus seulement de rendre visibles [les faces cachées de l'économie], mais également de défendre et de placer au centre de notre vie économique le développement durable à long terme des systèmes naturels, des soins et services à la personne et des liens communautaires. Et cela, de manière que les formes prises par leur organisation économique se basent sur une distribution égalitaire du pouvoir et des ressources et se concentrent alors sur la satisfaction des besoins (et non du profit), depuis la gestion démocratique et transparente.
>
> Forum social mondial des économies transformatrices[3]

3. Forum social mondial des économies transformatrices, « Le cercle vertueux des économies transformatrices », [En ligne]. [https://transformadora.org/fr/des-economies-transformatrices] (Consulté le 21 février 2022).

## Pour en savoir davantage

### *Ouvrages de référence*

DUVERGER, Timothée. *L'économie sociale et solidaire,* Lormont, Le Bord de l'eau, 2016.

LAVILLE, Jean-Louis, et Antonio David CATTANI (dir.). *Dictionnaire de l'autre économie,* Paris, Desclée de Brouwer, 2005.

THOMAS, Frédéric (dir.). « L'économie sociale et solidaire : levier de changement ? », Paris, Syllepse et Centre Tricontinental, 2015.

### *Sites Web*

FORUM SOCIAL MONDIAL DES ÉCONOMIES TRANSFORMATRICES (FSMET). *Page d'accueil,* [En ligne], s. d. https://transformadora.org/.

RÉSEAU INTERCONTINENTAL DE PROMOTION DE L'ÉCONOMIE SOCIALE SOLIDAIRE (RIPESS). *Page d'accueil,* [En ligne], 2016. http://www.ripess.org/.

# 15 L'altermondialisme face à la réaction conservatrice

*Le fascisme n'est pas le contraire de la démocratie mais son évolution par temps de crise.*

Bertolt Brecht

La mondialisation néolibérale devait éradiquer la pauvreté. Or, au tournant des années 2000, malgré l'enthousiasme entourant la proclamation par l'ONU des Objectifs du millénaire pour le développement, les promesses ne se concrétisent pas et le mécontentement grandit. Le PMB croît, certes, mais la richesse se concentre plus qu'elle ne se partage. Les inégalités augmentent, la création d'emploi ne suit pas et les populations s'appauvrissent. Dans les pays du Sud, la jeunesse, de plus en plus scolarisée mais sans perspective d'emploi, constitue une large portion de la population propice à la contestation et inspire les jeunes du Nord de plus en plus confrontés à la précarité et l'écoanxiété. La crise économique de 2008 est venue alimenter cette contestation et accroître l'instabilité politique. Mais au lieu d'ouvrir une fenêtre d'opportunité pour mettre en œuvre les réformes proposées par l'altermondialisme, elle a plutôt débouché sur une réaction conservatrice, la marée bleue, qui s'est nourrie des déboires de la vague rose en Amérique latine, mais aussi des printemps arabes et des mouvements d'occupation post-2011 en Europe et en Amérique du Nord. Cette nouvelle donne politique confronte l'altermondialiste et accule celui-ci dans une posture défensive de résistance.

## La crise de 2008 et la réaction conservatrice

En 2008 éclate la plus importante crise économique depuis celle de 1929 qui avait conduit à la Seconde Guerre mondiale. D'abord financière et générée par la spéculation sur les crédits hypothécaires aux États-Unis, elle s'étend à l'ensemble de l'économie mondiale. La réponse des gouvernements a été de sauver le système financier. Les banques centrales des plus grandes économies de la planète se sont concertées, pour qu'en quelques mois, près de 14 000 milliards de dollars soient débloqués pour consolider les institutions financières. C'est près d'un quart du PMB de l'époque. La contrepartie de tout cela a été d'appliquer des plans d'austérité drastique aux pays du Nord afin de rembourser la dette publique. La recette est identique à celle qui a été appliquée aux pays du Sud avec les PAS à la suite de la crise de la dette des années 1980. Cette situation alimente la contestation sociale, le discrédit à l'égard des élites et du monde des affaires et une instabilité politique tant au nord qu'au sud (voir les chapitres 9 et 10).

C'est dans ce contexte que se mettent en place ou se renforcent des régimes associés à l'illibéralisme, ce mode de gouvernement qui s'appuie sur le populisme pour bafouer les libertés fondamentales, et que progresse l'extrémisme en différents points du globe. Les partis de la droite dite populiste progressent partout en Europe. Au Maghreb, moins de cinq mois après le début du Printemps arabe, les courants les plus rétrogrades, souvent chassés du pouvoir, sont de retour aux commandes de l'État. L'armée reprend la main en Égypte, avec un large appui de la population désemparée qui refusait le régime des Frères musulmans. En Inde, Narendra Modi, qui a fait ses classes dans un groupe paramilitaire nationaliste, devient premier ministre en 2014. Recep Tayyip Erdoğan devient président la même année en Turquie. Rodrigo Duterte accède à la présidence des Philippines en 2016, sans parler des dérives autoritaires en Chine et en Russie. En 2016, l'élection de Donald Trump à la Maison-Blanche symbolise le triomphe de cette réaction conservatrice en réponse à la crise de légitimité des institutions en place et surtout aux promesses non tenues de la mondialisation néolibérale.

## Néoconservatisme contre néolibéralisme

En Europe, la déconnexion s'approfondit entre les populations et les partis politiques traditionnels de droite comme de gauche, compromis dans la redéfinition néolibérale du projet de l'UE. C'est ce qui explique, pour de nombreux analystes, le vote de 2016 au Royaume-Uni sur le Brexit ou encore les « nons » français et néerlandais aux référendums sur la constitution européenne en 2005. Le projet de construction européenne ne fait plus rêver les Européens. Il apparaît au contraire comme le projet économique d'une élite bureaucratique déconnectée des réalités et surtout des besoins des populations.

Le rejet des partis traditionnels ouvre la voie aux extrémismes. On les retrouve en Grèce, en Espagne, en France, en Allemagne, en Autriche, en Pologne, en Hongrie et dans les bastions les plus importants de la social-démocratie des pays nordiques. Ils tablent non seulement sur l'insécurité économique qui frappe les plus précaires, mais aussi sur la peur de l'immigration et de l'Islam. Ils amalgament le discours xénophobe contre les étrangers, la dénonciation des élites jugées corrompues et la critique de la mondialisation néolibérale. Ce populisme, qui se situe aux antipodes du projet de justice sociale et environnementale porté par l'altermondialisme, repose finalement sur un nationalisme xénophobe. Selon les tenants de cette rhétorique, la souveraineté nationale qui serait sacrifiée par les « élites mondialistes » doit être fermement restaurée pour faire face à la menace de déstabilisation que représenteraient les populations migrantes et réfugiées.

Les partis de la droite populiste font des gains électoraux partout en Europe. Aux élections européennes en 2019, les deux partis traditionnels de droite et de gauche (conservateurs et sociaux-démocrates) ont perdu leur majorité, du jamais vu depuis la première élection européenne en 1979. Cette défaite bénéficie largement aux partis d'extrême droite (qui doublent leur nombre de députés), mais aussi aux centristes et aux écologistes.

## L'altermondialisme fragilisé

À partir du second FSM de Tunis en 2015, l'atmosphère a changé. La participation diminue et les critiques du Forum s'accentuent. On dénonce des activités répétitives et ritualistes qui ne débouchent pas sur des actions concrètes. L'altermondialisme subit les contrecoups de ces conjonctures politiques et économiques réactionnaires. Au tournant des années 2000, il avait le vent en poupe en critiquant la pensée unique néolibérale et en développant des chantiers de travail collectif pour définir des projets de société alternatifs. Au milieu des années 2010, le mouvement semble s'être essoufflé et a perdu des appuis. Dans les mouvements sociaux, les mobilisations sont plus difficiles. Un reflux est observé, voire un certain repli sur des enjeux sectoriels.

Par ailleurs, confronté à l'offensive néoconservatrice, l'altermondialisme peine à développer une critique articulée et mobilisatrice à l'égard de la financiarisation de l'économie mondiale qui se poursuit à la faveur de la révolution numérique opérée par les géants du Web, les fameux Google, Amazon, Facebook, Apple et Microsoft (GAFAM), qui ont fortement accru leur valeur boursière et sortent grands gagnants de la pandémie. Le commerce numérique prend son essor en accroissant plus encore les inégalités entre le Nord et le Sud, mais aussi entre les mieux nantis et les laissés-pour-compte dans tous les pays. De nouveaux accords de libre-échange sont conclus, comme l'Accord de partenariat transpacifique global et progressiste (PTPGP) ou l'Accord économique et commercial global (AECG), qui viennent encore stimuler la croissance de ces nouveaux marchés.

Néanmoins, la volonté de créer des réseaux interconnectés à l'échelle mondiale demeure toujours un objectif qui anime les mouvements altermondialistes partant du principe que les luttes locales et nationales sont essentielles, mais insuffisantes. Cependant, face à une capacité de mobilisation déclinante au point de vue international, l'altermondialisme se replie sur une logique de résistance qui s'appuie sur des luttes sectorielles et décentralisées. On peut penser au mouvement *Me Too*/Moi Aussi, aux mouvements antiracistes synchronisés dans plusieurs pays (et pas seulement aux États-Unis avec *Black Lives Matter* – BLM), mais aussi aux mobilisations sur le climat qui s'inscrivent dans une démarche mondiale tout en menant des actions locales. Ces manifestations internationales de résistances et d'initiatives populaires peuvent possiblement favoriser le développement d'un nouvel altermondialisme qui reste encore à définir.

## Pour en savoir davantage

### *Ouvrages de référence*

FRANK, Thomas. *Pourquoi les pauvres votent à droite*, Paris, Éditions Agone, 2013.

GEORGE, Susan. *Leurs crises, nos solutions*, Paris, Albin Michel, 2010.

MÉNY, Yves, *Imparfaites démocraties*, Paris, Presses de Sciences Po, 2019.

# 16 Le Forum social mondial en débat[1]

*Ce n'est pas le FSM qui va changer le monde, mais ceux qui y participent.*

Chico Whitaker

Dans la Charte de principes du FSM adoptée par son Conseil international à la suite de la première édition de Porto Alegre en 2001, le Forum est défini comme « un espace de rencontre ouvert » (article 1). Il est aussi précisé que le FSM n'est ni une association ni une organisation prétendant représenter celles et ceux qui y participent (article 5). Il s'agit d'un lieu de discussions, de réflexions et d'échanges entre une pluralité de mouvements et d'organisations, diversifié et inclusif, ne se voulant ni confessionnel, ni gouvernemental, ni partisan (article 8). Enfin, les réflexions collectives menées dans le cadre du FSM sont orientées vers la contestation du néolibéralisme et de l'impérialisme. Cependant, la définition du FSM reste controversée 20 ans après sa création. Est-ce un espace ou un mouvement ? Quelles sont les implications de faire le choix entre l'une ou l'autre des définitions ? Cette polémique est centrale, car elle questionne la nature et le rôle des FSM.

## Le Forum-Espace

Selon la vision historique s'appuyant sur la Charte de principes, le FSM se définit comme un espace qui permet le rassemblement de tous les potentiels humains critiques à la recherche de solutions de rechange au modèle dominant. Ce lieu de rencontre d'une grande hétérogénéité de groupes, de personnes et de mouvements occasionne des échanges horizontaux et démocratiques d'expériences et de propositions, visant notamment à réduire les inégalités, les formes d'exclusions et à cheminer vers une plus grande justice sociale et écologique. Le Forum est par ailleurs censé dépasser le cadre des rencontres isolées dans le temps et l'espace, en s'affirmant comme un processus permanent de recherche et d'élaboration de solutions de rechange. On entend donc y rompre avec la logique verticale traditionnelle d'organisation des mouvements sociaux, où une avant-garde éclairée située au sommet définit la ligne d'action commune pour l'ensemble des militants et militantes.

1. Ce chapitre est une version remaniée d'un texte écrit par Carminda Mac Lorin.

> La métaphore de la place publique permet de bien saisir cette conception du Forum-Espace. Les places publiques sont en général des espaces ouverts qui peuvent être utilisés par tous ceux que cela intéresse. Elles n'ont pas d'autre objectif que celui d'être une place, rendant les services qu'elles rendent à ceux qui l'utilisent. Plus elles durent comme place, mieux c'est pour ceux et celles qui profitent de ce qu'elles offrent pour la réalisation de leurs propres objectifs.
>
> Chico Whitaker[2]

Le FSM, dans cette vision, entend stimuler une participation active de celles et ceux qui y prennent part. Selon le principe d'autoprogrammation, les participants peuvent proposer la grande majorité de son contenu en organisant les activités et les assemblées de convergence ayant lieu à l'intérieur de chaque Forum. Le FSM représente ainsi une source de légitimité pour les personnes qui l'investissent, tout en étant constamment redéfinies par elles. De facto, le FSM s'est réinventé à chacune de ses éditions, étant le fruit d'une multiplicité de connexions se renouvelant et se redéfinissant avec le temps, rendant visibles une grande panoplie d'initiatives de changement social provenant de partout sur la planète.

## Le Forum-Acteur

La perspective opposée selon laquelle le FSM devrait être considéré et agir en tant que mouvement (ou mouvement des mouvements) a été exprimé dès sa naissance et continue à mobiliser de nombreuses personnes, et notamment celles qui ont lancé en 2020 le groupe « Vers un nouveau FSM ». Selon cette vision, le manque d'instance et de processus délibératif menant à la définition d'orientations communes est pointé parmi les principales failles du FSM. Cela peut conduire à dissiper l'énergie transformatrice qu'il génère et finalement discréditer le FSM pour son manque d'efficacité. Pour gagner de la force face aux crises qui touchent lourdement les populations, le FSM devrait être en mesure d'agir en tant qu'acteur politique représentatif de la diversité qui le constitue, tirant ainsi sa légitimité de la multitude qui s'y rassemble.

La logique qui sous-tend cette vision du FSM repose sur l'urgence d'agir en réaction aux violentes crises caractéristiques de notre temps qui menacent la dignité de populations entières ainsi que l'intégrité de la planète. Elle se nourrit de la volonté de mettre en place un mécanisme de concertation mondiale qui permet d'avoir un impact à court terme pour réagir, par exemple, aux contextes de la guerre en Irak, de la crise économique de 2008, ou encore, aux renversements illégitimes de gouvernements démocratiquement élus ou aux graves atteintes aux droits des peuples (Palestiniens, Syriens, Autochtones, etc.).

2. Chico WHITAKER, « L'esprit du forum social mondial et ses défis : espace ou mouvement ? », *Possibles*, vol. 33, n° 1-2, [En ligne], Été 2009. [http://redtac.org/possibles/] (Consulté le 21 février 2022).

## Le FSM, à la croisée des chemins ?

Ce débat fait ressortir divers enjeux qui se situent au cœur du processus du FSM, portant notamment sur sa nature profonde et son futur.

Le FSM est apparu au début du millénaire en tant que réponse critique aux écueils du système politique et économique hégémonique. Ancré dans un positionnement altermondialiste, il s'est présenté comme un lieu de convergence mobilisateur, avec pour ambition de rapprocher et renforcer celles et ceux qui cherchent des solutions de rechange. Des milliers d'organisations, de groupes et de personnes ont reconnu l'importance du FSM, ainsi que la pertinence de ses principes, en se mobilisant pour y participer. Ce qui a fait la force du FSM dès ses débuts, c'était à la fois sa critique articulée du modèle dominant (« la pensée unique ») qui émanait des axes thématiques de sa programmation, mais aussi son caractère inclusif qui se retrouvait dans sa méthodologie et permettait à tous les groupes participants de proposer des solutions. Selon cette perspective, le FSM entendait permettre l'éclosion d'un nouvel internationalisme qui se démarquerait du modèle traditionnel construit autour d'une centralisation organisationnelle. Il ne visait pas à proposer une solution unique, mais plutôt à renforcer et relier les acteurs de changement, en n'occultant pas les débats et divergences de points de vue. Car les idées et actions contradictoires sont source de réaffirmation ou de remise en question, qui permettent de collectivement progresser dans un contexte incertain. Ainsi, aussi paradoxal que cela puisse paraître, autant les convergences que les divergences semblent contribuer activement à la production et à la reproduction de cette mouvance altermondialiste porteuse d'espoir.

La mondialisation néolibérale est une hydre aux multiples têtes, c'est un système complexe d'institutions et d'acteurs pluriels structurés en réseau, évoluant au sein d'une multiplicité d'espaces, animés d'idéologies plus ou moins conservatrices et, surtout, qui génèrent des valeurs et des pratiques que l'on retrouve dans le quotidien des gens. Pour la combattre, il importe de multiplier les fronts, que ce soit sur le plan des idées, des valeurs, des institutions et de la pratique des acteurs sociaux, et ce, à différentes échelles d'action.

C'est dans cette logique qu'entendait s'inscrire initialement le FSM qui voyait dans la diversité des causes défendues, la pluralité des stratégies et des échelles d'action, et surtout la décentralisation du pouvoir décisionnel et d'initiative, non une source de fragmentation et d'inefficacité, mais plutôt une occasion d'agir collectivement contre ce système complexe de domination. Cette vision du changement social demeure chez les partisans du Forum-Espace. En s'appuyant sur la prétention à l'horizontalité et les vertus de la controverse, ils souhaitent que le FSM rende possible l'expression de la multiplicité des luttes particulières, fasse connaître les multiples initiatives et expériences innovatrices qui sont mises en œuvre aux quatre coins du monde, stimule la création de réseaux d'actions stratégiques entre les diverses organisations de la société civile qui s'y rassemblent et encourage les différentes formes de mobilisation et d'action citoyenne qui viennent ponctuer l'agenda global de l'altermondialisme.

Cette vision peut cependant apparaître désuète pour certains qui, menacés par l'offensive néoconservatrice et confrontés à la perspective d'un effondrement global de notre civilisation industrielle, considèrent que le temps des débats est dépassé. Pour faire face, il faut un plan clair, mondial, et des mots d'ordre précis. Par ailleurs, les promoteurs du Forum-Acteur n'hésitent pas à dénoncer l'idéalisme qui sous-tend le prétendu caractère inclusif et horizontal du FSM. Tout le monde ne peut pas participer aux FSM (pour des questions de visas et de coûts de transport notamment) et dans les FSM, toutes les paroles n'ont pas le même poids. Les grands orateurs, universitaires, artistes, ou cadres d'ONG prennent souvent le devant de la scène réduisant les autres participants et participantes à un auditoire passif.

La controverse se poursuit et les débats en cours autour de la nature et de la pertinence du FSM sont fondamentaux en ce sens qu'ils constituent un lieu de dialogue qui porte spécifiquement sur le mystère du changement social. Certes, un autre monde est possible, mais comment changer le monde ?

La question s'est déjà posée de nombreuses fois dans l'histoire et, à chaque époque, du débat entre les contemporains a jailli une solution provisoire : la Modernité et les Lumières, les révolutions politiques américaine et française, la révolution industrielle. Le 20$^{e}$ siècle a vu s'opposer deux visions fortement antagonistes du changement social : le socialisme et le fascisme, qui entendaient tous deux apporter leur solution aux problèmes sociaux causés par les excès du libéralisme. Cette controverse n'a pas été réglée par le dialogue, mais plutôt par les guerres mondiales et régionalisées. Et finalement, elles n'ont pas mis fin aux excès du libéralisme qui, à la faveur de la fin de la guerre froide, est réapparu sous une forme renouvelée.

Que faire ? Cette question est toujours d'une brûlante actualité. La controverse actuelle autour du FSM participe de cette réflexion en cours, tentant de trouver une voie de passage pour éviter d'éventuelles conflagrations entre altermondialisme et néoconservatisme, dans le contexte du néolibéralisme.

## Pour en savoir davantage

### *Ouvrages de référence*

AMIN, Samir. *Pour la cinquième Internationale*, Paris, Le Temps des Cerises, 2006.

DRAPEAU, Thierry, et Pierre BEAUDET (dir.). *L'internationalisme sera le genre humain ! : de l'Association internationale des travailleurs à aujourd'hui*, Montréal, M Éditeur, 2015.

RODRÍGUEZ-ARAUJO, Octavio. *Gauches et gauchisme : de la première Internationale à Porto Alegre*, Nantes, L'Atalante, 2004.

WHITAKER, Chico. *Changer le monde : [nouveau] mode d'emploi*, Paris, Les Éditions de l'Atelier, 2006.

## *Sites Web*

DIALOGUE GLOBAL POUR UNE ALTERNATIVE SYSTÉMIQUE. *Dialogue Global*, [En ligne], 2022. https://globaldialogue. online/fr/.

INTELLECTUEL COLLECTIF INTERNATIONAL DES MOUVEMENTS SOCIAUX. « Présentation », *Intercoll*, [En ligne], mise à jour mai 2022. [https://intercoll.net/?lang=fr].

# 17 Le nouvel altermondialisme[1]

*Avoir le pessimisme de l'intelligence et l'optimisme de la volonté.*

Antonio Gramsci

Au cours des années 2010, le monde a changé brutalement. À la résurgence des luttes sociales a succédé une période de reprise en main par les classes dirigeantes. Le néoconservatisme s'est affirmé et les répressions se sont durcies. Les idéologies sécuritaires, identitaires et racistes se sont imposées dans plusieurs pays avec des poussées fascisantes. Des gouvernements progressistes, notamment en Amérique latine, ont été renversés ou se sont épuisés. Les mouvements sociaux ont accusé le coup du changement de période en retombant sur la défensive. Les mobilisations altermondialistes se sont poursuivies, mais sont dorénavant réduites à résister aux assauts des droites extrêmes et à la radicalisation des politiques néolibérales. L'absence d'un projet commun mondial et alternatif issu des mouvements et porté par eux s'est traduite par un repli à l'échelle nationale, voire locale. L'opposition nord-sud s'est complexifiée, tout en restant très présente. Dans un tel contexte, quelles sont les pistes qui permettraient de renouveler la perspective altermondialiste ?

## Le défi de se transformer

Les mouvements sociaux sont le produit d'une histoire longue, marquée par de lentes évolutions et des accélérations où les hypothèses de la transformation deviennent palpables. Ils correspondent à différentes cultures politiques qui structurent les mouvements et demeurent présentes au cours du temps. Parmi les mouvements enracinés dans le long terme, citons les mouvements paysan et ouvrier, ainsi que le mouvement décolonial (avec le passage de la première phase de l'indépendance des États à la phase actuelle d'émancipation autour des mouvements pour les libertés et les droits). Une conception du leadership et du changement social correspond à chacun de ces grands mouvements historiques.

1. Ce chapitre est une version remaniée d'un texte rédigé à l'origine par Gustave Massiah.

Plus récemment, de nouveaux mouvements se sont déployés à l'échelle mondiale, porteurs d'une nouvelle culture politique et de nouvelles visions du leadership et du changement social. C'est le cas du mouvement féministe qui remet en cause les rapports de genre ancrés dans des traditions millénaires. C'est également le cas du mouvement écologiste face à l'urgence climatique et pour la défense de la biodiversité, ainsi que du mouvement des peuples autochtones qui entend confronter des centaines d'années de colonialisme et de marginalisation. Et aujourd'hui, c'est le cas des mouvements contre le racisme systémique et les violences policières discriminatoires qui se réfèrent à l'analyse intersectionnelle prenant en compte l'articulation des différentes formes d'oppression (classe, genre, race). À cela, il faut ajouter tous les mouvements de contestation plus spontanés et hétéroclites qui émergent périodiquement pour dénoncer les abus du système en place et la déconnexion des élites (Printemps arabe, Indignés, *Occupy*, Gilets jaunes, anti-vaccins, etc.).

Comme nous l'avons vu au chapitre précédent, le contexte actuel impose au mouvement altermondialiste de résoudre la controverse du changement social, en commençant par un travail de fond en son sein. Ce travail prioritaire devrait favoriser une meilleure adéquation des cultures politiques des différents mouvements, ainsi qu'une vision renouvelée et partagée du leadership et de son usage, sans concurrence et dans la complémentarité.

## L'urgence de se relocaliser

La crise de la pandémie de la COVID-19 – qui a éclaté au printemps 2020 – a bouleversé les situations et les équilibres. À une crise par définition mondiale, les réponses ont surtout été nationales et étatiques. Les institutions internationales ont été marginalisées. La pandémie a d'abord démontré les limites de la solidarité internationale. Plus de 75 % des vaccins produits par les plus grandes entreprises pharmaceutiques du monde, comme Pfizer, ont été distribués et utilisés dans seulement 10 pays du Nord, limitant très fortement la possibilité de vacciner les 80 % de l'humanité qui résident au Sud. On estime par exemple qu'en Afrique à la fin de l'année 2021, 30 % de la population avait, en moyenne, reçu le vaccin. Mais cela cache de profondes disparités régionales, car dans près de la moitié des pays du continent, le pourcentage de personnes ayant reçu un schéma vaccinal complet reste inférieur à 2 %[2]. Les mouvements qui se réclament de l'altermondialisme ont répondu par des actions de solidarité locale et par la résistance aux politiques sanitaires de leurs États. Les contradictions se sont accentuées entre les différentes tendances. Les affrontements ont opposé, dans beaucoup de pays, des alliances sécuritaires et de droite populiste, aux mouvements revendiquant les libertés démocratiques, la défense des droits sociaux et l'urgence écologique.

2. Catherine KYOBUTUNGI, « Où en est la vaccination en Afrique ? », *The Conversation*, [En ligne], 5 octobre 2021. [https://theconversation.com/ou-en-est-la-vaccination-en-afrique-la-reponse-en-image-169282] (Consultée le 14 mars 2022).

Aujourd'hui, les mouvements sont confrontés à la nécessaire redéfinition de l'articulation entre les différentes échelles d'action. Le niveau local s'est imposé comme celui de la survie et de la redéfinition des rapports sociaux articulés autour de nouvelles manières de travailler, de consommer, de se déplacer et d'occuper l'espace commun. Les mouvements sociaux et citoyens n'ont pas de sens sans un ancrage local. Le retour en force de la notion de territoire à occuper et à protéger, fruit de la convergence de vue entre les mouvements autochtones et écologistes, de même que l'insistance sur la résilience locale dans les projets de transition sociale et écologique, ainsi que l'ancrage communautaire de la nouvelle économie, illustrent tous cette reconfiguration du rapport aux espaces d'action, du mondial vers le local.

## Mettre en œuvre les alternatives

Ces tensions et contradictions actuelles risquent de s'approfondir. La conjonction des crises sociale, écologique, sanitaire et démocratique renforce la prise de conscience des bouleversements en cours, porteurs de grands dangers et de grandes occasions. Comme l'écrivait Gramsci à une autre époque[3], le vieux monde se meurt, le nouveau monde tarde à apparaître et dans ce clair-obscur surgissent les monstres. L'altermondialisme, et les mouvements qui y participent, se donne pour mission d'identifier et d'appuyer les préfigurations du dépassement du système dominant dans les sociétés actuelles, à l'exemple de l'économie sociale et solidaire qui cherche de nouvelles voies de production tout en luttant contre les récupérations en tout genre.

Cette irruption altermondialiste encore souterraine, mais dont les mouvements localisés, massifs et répétés forment les principaux points d'accroche, est portée par l'idée partagée à l'échelle mondiale que les inégalités, les injustices, l'arbitraire et la corruption sont insupportables. L'idée de révolte gagne en légitimité, d'autant plus que les pouvoirs en place refusent de tenir compte de la crise écologique majeure qui remet en question l'avenir de l'humanité.

Selon cette approche, les révoltes ne sont pas seulement des mouvements de refus. Les révoltes deviennent des révolutions quand des issues apparaissent possibles. Si les inégalités et les injustices sont devenues insupportables et inacceptables, c'est aussi parce qu'un monde sans inégalités et sans injustices apparaît possible et réalisable.

## Réinventer le politique

Afin de résoudre la controverse du changement et d'opérer la transition sociale et écologique qu'ils appellent de leurs vœux, les altermondialistes continuent d'invoquer l'impératif démocratique. Or, face à la méfiance grandissante des citoyens et citoyennes à l'égard des formes représentatives et délégatrices d'exercice du pouvoir, cet impératif démocratique suppose une

3. Antonio GRAMSCI, *Cahiers de prison : anthologie*, Paris, Gallimard, 2021. Ces textes ont été rédigés par l'auteur durant ses années de captivité sous le régime fasciste de Mussolini, de 1926 jusqu'à sa mort en 1937.

réinvention du politique qui concerne toutes les sociétés, à toutes les échelles (locales, nationales, mondiales).

Cette question se retrouve dans l'évaluation des différentes expériences menées par les gouvernements qui se revendiquent de l'aile progressiste, que ce soit en Amérique latine ou en Europe. Comment concilier une transformation sociale et écologique radicale avec une démocratie réelle ? Comment définir, dans des périodes de transition difficiles, des rapports démocratiques entre mouvements sociaux, partis politiques et gouvernements ? Les mouvements sociaux pourraient mieux définir le rôle politique qu'ils peuvent jouer. Les partis politiques pourraient abandonner leur prétention d'organisations d'avant-garde destinées à diriger les mouvements. Ils pourraient également revoir leur stratégie – créer un parti pour conquérir l'État, pour changer la société – qui instaure l'État en seul acteur du changement. Finalement, les gouvernements pourraient s'émanciper des clivages partisans pour gouverner en coalition tout en tissant des liens sans cesse renouvelés avec la société civile.

## Construire une réponse internationale

Finalement, et c'est un élément clé de l'altermondialisme, la solidarité internationale doit demeurer au cœur du projet. Cela passe notamment par le renouvellement des institutions internationales actuellement en place, mais aussi des formes d'articulation des luttes et des mouvements à l'échelle mondiale.

En ce qui concerne les institutions actuelles, les altermondialistes exigent que le FMI, la Banque mondiale et l'OMC soient déférés devant la Cour internationale de Justice pour répondre de leurs politiques qui ont mené le monde à la catastrophe écologique, économique et sociale en cours. Par ailleurs, ils revendiquent l'annulation des dettes jugées illégales et illégitimes, qu'elles soient de nature publique ou privée, ce qui est perçu comme une première étape dans la redéfinition d'un nouveau système économique et financier international. Ils recommandent aussi, entre autres, la convocation d'une Assemblée générale extraordinaire des Nations Unies pour organiser un débat international fondé sur l'approfondissement et l'effectivité de la Déclaration universelle des droits de l'homme et sur l'élaboration d'une déclaration des droits des peuples et des droits de la planète.

Finalement, afin de dessiner un horizon commun de lutte sans pour autant créer une instance suprême de coordination mondiale des mouvements sociaux, les altermondialistes pourraient s'engager de concert dans la défense globale de la justice sociale et environnementale et développer des solidarités locales. À court terme, les mouvements altermondialistes pourraient revendiquer dans chaque pays, dans chaque région ou dans chaque ville, la mise en œuvre de politiques publiques ciblées visant la justice sociale et environnementale et une démarche démocratique d'élargissement des libertés et de l'égalité.

## Pour en savoir davantage

### *Ouvrages de référence*

AZAM, Geneviève. *Le temps du monde fini : vers l'après-capitalisme*, Paris, Les liens qui libèrent, 2010.

MASSIAH, Gustave, avec Élise MASSIAH. *Une stratégie altermondialiste*, Paris, La Découverte, 2011.

# Conclusion
# Permanente transformation

*Celui qui ne sait pas d'où il vient ne peut savoir où il va.*

Antonio Gramsci

Pour bien comprendre ces altermondialismes qui explorent l'univers d'autres mondes possibles sur des bases à la fois théoriques et empiriques, il convient de rappeler le fil qui relie cette masse d'événements, d'initiatives, d'utopies, autant de gestes et de paroles qui sont en apparence dispersés et fragmentaires, mais qui, en réalité, sont les points d'intersection entre la résistance (par en bas) et la résilience (par en haut) dans un monde en transformation permanente. Certes, les acteurs qui participent de cette mouvance altermondialiste ne représentent pas nécessairement l'ensemble des populations du monde. Il s'agit plutôt d'une minorité active qui, peut-être, préfigure partiellement ce que sera le monde de demain. Ce ne sont jamais les majorités qui mettent les changements en œuvre, mais plutôt ceux qui s'engagent et déclenchent les mouvements sociaux.

De tout temps, des gens se sont battus pour la justice et le droit à une vie digne. Face aux régimes monarchiques et oligarchiques, des paysans se sont levés en masse en Allemagne, en France, en Inde, en Russie, au Mexique. À l'aube du capitalisme, les ouvriers aux conditions de vie misérables ont cherché à résister dans les grandes villes et à se rallier à des projets de démocratie sociale, comme en France durant la révolution de 1789. Après la crise économique de 1870 et durant ce qu'il est convenu d'appeler la première mondialisation, des révoltes ont éclaté aux quatre coins du monde, donnant lieu à des insurrections urbaines et à la naissance des mouvements de libération nationale (notamment à Moscou, Berlin, Shanghai, Le Caire, aux Philippines, etc.). Après la Première Guerre mondiale, un nouvel élan a été donné aux mouvements qui cherchaient à se coaliser tant sur le plan national que sur le plan international.

## Le tourbillon du 20e siècle

Des années 1930 jusqu'aux années 1950, une terrible crise a frappé la quasi-entièreté de la planète. À la suite de l'effondrement économique et des crises sociales et politiques qui ont suivi, des régimes autoritaires ont émergé afin

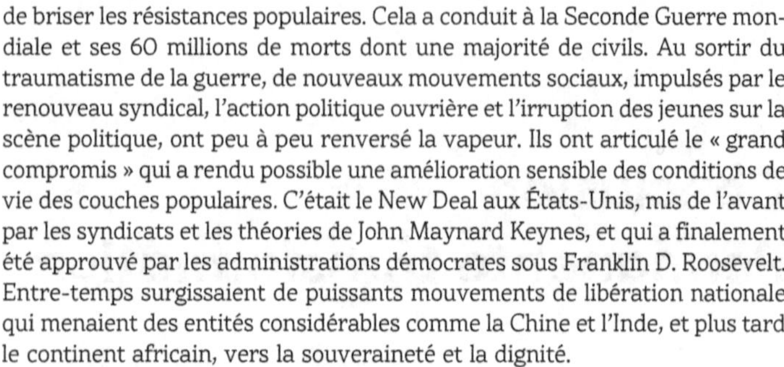

de briser les résistances populaires. Cela a conduit à la Seconde Guerre mondiale et ses 60 millions de morts dont une majorité de civils. Au sortir du traumatisme de la guerre, de nouveaux mouvements sociaux, impulsés par le renouveau syndical, l'action politique ouvrière et l'irruption des jeunes sur la scène politique, ont peu à peu renversé la vapeur. Ils ont articulé le « grand compromis » qui a rendu possible une amélioration sensible des conditions de vie des couches populaires. C'était le New Deal aux États-Unis, mis de l'avant par les syndicats et les théories de John Maynard Keynes, et qui a finalement été approuvé par les administrations démocrates sous Franklin D. Roosevelt. Entre-temps surgissaient de puissants mouvements de libération nationale qui menaient des entités considérables comme la Chine et l'Inde, et plus tard le continent africain, vers la souveraineté et la dignité.

À partir des années 1960-1970, dans le contexte à la fois de la guerre froide et de l'engagement des États-Unis au Vietnam, de nouvelles confrontations sont apparues. Dans le Nord, les aspirations à l'émancipation de la jeunesse d'après-guerre, une force majeure à l'époque de mai 1968, notamment par son poids démographique au sein de la population occidentale, ont nourri les révoltes de nouveaux mouvements naissants, tout autant que les luttes ouvrières, contre un idéal de réussite porté par l'individualisme consumériste. Dans les pays du Sud, où les grandes puissances exploitaient les populations sans réserve et sans égard à leurs besoins sociaux, de nouvelles insurrections apparaissaient à Cuba, au Vietnam, en Algérie, en Palestine. La combinaison de ces résistances au Sud et des mouvements antiguerre et pour les droits civils et sociaux au Nord a imposé aux forces oppressives de sévères reculs. Les mouvements devenaient plus revendicatifs, impulsés notamment par les mobilisations féministes, y compris dans les pays dits « socialistes » où étaient érigés des systèmes d'oppression très semblables à ceux des pays capitalistes.

À partir des années 1980, après d'importantes avancées sociales et devant les limites qu'elles constituaient au modèle d'accumulation capitaliste d'alors, se manifeste un durcissement politique et un mouvement de recentrage vers des politiques néolibérales. La « crise de la dette » impose la restructuration des économies nationales des pays du Sud afin de mieux les insérer dans les marchés mondiaux. Les violents coups d'État, dont celui au Chili contre Allende en 1973, qui avaient brisé les mouvements populaires dans le cône sud de l'Amérique latine, constituaient les signes précurseurs de cette reprise en main.

Des techniques de répression plus efficaces liées à la capitulation des mouvements sociaux et des partis progressistes devant le concept de « pensée unique » imposé par le néolibéralisme ont permis un regain des pratiques oppressives, notamment au Moyen-Orient, nourries par une nouvelle idéologie dominatrice, sous le couvert de la « guerre des civilisations » théorisée par le politologue états-unien Samuel Huntington. Il fallait, selon les dispositifs du pouvoir et des médias complaisants, « exporter la civilisation », procéder à la « réingénierie » de régions entières et réimposer un système disciplinaire et « austéritaire » contre les couches populaires. En Amérique latine et en Afrique surtout, c'étaient les « décennies perdues » marquées par l'aggravation de la pauvreté, alors qu'au Nord, la croissance des inégalités sociales se poursuivait.

Il n'en fallait pas plus pour que réapparaisse le discours de la résignation. Selon l'expression consacrée du politologue conservateur états-unien Francis Fukuyama, le monde avait atteint la « fin de l'Histoire », caractérisée par le triomphe de la démocratie libérale et de l'économie de marché.

## Une nouvelle génération de mouvements

Le 21e siècle a vu la résurgence des luttes démocratiques et sociales en Algérie, au Chili, en Thaïlande, en Bolivie, en France, au Québec, en Chine, en Inde, en Pologne, en Haïti et dans des dizaines d'autres pays, qui a durement secoué cette croyance. Les importants reculs des mouvements historiques ont été compensés par des mobilisations encore plus vastes et profondes, mettant le doigt sur les problèmes structurels, et pas seulement sur ses conséquences trop visibles (pauvreté, répression, destruction de l'environnement). Il importe aussi de prendre la mesure de l'impact de l'usage militant des technologies numériques dans l'essor de cette nouvelle génération de mouvements. En 2019, on recensait des manifestations massives dans 47 pays. À l'été 2020, une mobilisation sans précédent s'est produite aux États-Unis, sous le leadership de réseaux africains-américains comme BLM, impliquant des centaines de milliers de jeunes de toutes origines. Sans être le seul facteur en cause, cette mobilisation explique la défaite de la droite populiste menée par Donald Trump lors des élections d'octobre 2020.

> Les technologies numériques jouent un rôle particulier au moment où se forment les mouvements. Les réseaux sociaux facilitent l'engagement militant. L'unification des groupes passe par des « communautés imaginées » qui relient une communauté mondialisée, qui mettent en relation des individus qui n'imaginaient pas se connaître ou se rencontrer. La sphère publique numérique connectée joue le rôle que jouaient les manifestations ; elle permet de montrer aux manifestants qu'ils ne sont pas les seuls à être mécontents, de découvrir des points communs, de construire du collectif. [...] L'action visible des mouvements se concrétise par la grande manifestation spontanée et l'occupation contestataire. Dans ces actions, les outils numériques facilitent le travail et une organisation plus horizontale et plus égalitaire des tâches, ainsi que la communication en temps réel. [...] Cette forme d'organisation renforce l'adhésion, la spontanéité et l'inventivité. [...] Les mouvements contestataires connectés assument des identités collectives qui dépassent les clivages politiques et sociaux habituels. [...] Le numérique est une révolution technologique qui a de fortes interactions avec le changement social sans pour autant le surdéterminer.
>
> Gustave Massiah[1]

Une nouvelle convergence semble en construction derrière le refus des inégalités sociales, des discriminations, des injustices et la défense de

1. Gustave Massiah, « Les mouvements sociaux à l'ère du numérique : à partir de *Twitter & gaz lacrymogènes* de Zeynep Tufekci », *EcoRev'*, vol. 1, n° 48, 2020, p. 144-161.

l'environnement qui adopte la tactique de la résistance non-violente où c'est la force du nombre qui paralyse, jusqu'à un certain point, les dispositifs du pouvoir.

> On voit apparaître de plus en plus la revendication de justice environnementale. On retrouve partout la lutte contre la corruption. On peut faire l'hypothèse que ce refus de la corruption traduit la prise de conscience de la fusion entre les classes politiques et la classe financière qui annule l'autonomie du politique. Cette méfiance du politique se traduit par le rejet de la délégation et de la représentation, et la revendication d'une nouvelle démocratie.
>
> Gustave Massiah[2]

## Contradictions des mouvements et recherche de solutions de rechange

Jusqu'à présent, presque tous ces mouvements de la nouvelle génération, s'ils ont profondément secoué les rapports de forces, n'ont pas réussi à changer la structure du pouvoir. Est-ce une question de temps ? Verra-t-on des changements politiques dans la prochaine période ? Selon plusieurs analystes, l'absence de structures décisionnelles conduit souvent à la paralysie tactique. L'absence de leadership limite la capacité de négocier au bon moment. La méfiance des populations mobilisées à l'égard des institutions politiques, et plus particulièrement des partis politiques, laisse les mouvements devant plusieurs impasses sur les moyens à mettre en place pour assurer la transition vers la démocratie.

Néanmoins, il est peu probable que les dynamiques de l'action collective reviennent aux formules du passé. Les mouvements revendiquent leur autonomie et refusent la subordination aux partis politiques, même si à chaque détour des affrontements sociaux, les mouvements vont chercher à exprimer sur la scène politique leur projet collectif. C'est d'ailleurs ce qui a été affirmé depuis l'avènement de l'altermondialisme des années 2000, dans les forums sociaux mondiaux notamment (voir les chapitres 16 et 17), qui soulève une nouvelle approche de la convergence entre les mouvements et les partis politiques. La distance que prennent les mouvements sociaux avec l'action politique partisane est majeure et éloigne toute tentation de substitution du politique au social. La recherche de solutions de rechange exige aussi de revoir la relation entre l'action politique partisane et celle des mouvements sociaux, puisque ceux-ci ne souhaitent plus déléguer leur part de responsabilité sur ce plan.

Il faudra également, pour terminer, faire face à l'impact de la pandémie. À partir de mars 2020, celle-ci est venue passablement modifier la donne. L'urgence sanitaire a exigé un grand effort des populations obligées de se protéger et de prendre soin les uns des autres, malgré les mesures désorganisées

2. *Idem.*

de la plupart des États qui ont imposé le confinement et la restriction des déplacements, ce qui a conduit à l'isolement de tout un chacun, dans un climat de peur généralisée.

Les mouvements sociaux se nourrissent d'échanges et de dialogues. Ils dépendent en grande partie des mobilisations, des rencontres, des débats et des espoirs de construire ensemble un monde meilleur. La grande force des FSM a été, dès leur apparition, de permettre ces immenses rassemblements qui ont été le creuset de l'altermondialisme. Pour que perdure l'espoir, il importe d'entretenir ces « utopies réelles » dont parle Erik Olin Wright, qui se construisent au point de rencontre entre les luttes sociales, les mouvements populaires et une intellectualité critique.

> La construction d'alternatives utopiques réelles ne permet pas simplement de démontrer qu'« un autre monde est possible », elle crée aussi les cadres pratiques au sein desquels les gens ordinaires s'engagent dans des pratiques transformatrices. Au mieux, les utopies réelles sont des écoles de démocratie et pas seulement des vitrines de la démocratie. L'essence de plusieurs projets d'utopies réelles implique la participation, l'inclusion, le dialogue et l'*empowerment*. Et quand des individus s'engagent dans de telles pratiques, ils se transforment aussi eux-mêmes. Ainsi, même si la formation intellectuelle permettant de réfléchir théoriquement à d'autres futurs possibles n'est certainement pas distribuée de manière égale, la capacité des gens – y compris des pauvres et des marginaux – à imaginer des alternatives émancipatrices et à anticiper des futurs possibles multiples peut être développée à travers leur engagement dans le travail pratique des utopies réelles.
>
> Erik Olin Wright[3]

## Pour en savoir davantage

### *Ouvrages de référence*

ANDERSON, Benedict. *Les bannières de la révolte : anarchisme, littérature et imaginaire anticolonial – La naissance d'une autre mondialisation*, Paris, La Découverte, 2009.

BERGER, Suzanne. *Notre première mondialisation : leçons d'un échec oublié*, Paris, Seuil, 2003.

WRIGHT, Erik Olin. *Utopies réelles*, Paris, La Découverte, 2017.

3. Vincent FARNEA et Laurent JEANPIERRE, « Des utopies possibles aux utopies réelles : entretien avec Erik Olin Wright », *Tracés*, n° 24, 2013, p. 243.

# Lexique

**Accord de libre-échange (ALE)** : Traité signé entre deux ou plusieurs pays pour faciliter les échanges et éliminer les obstacles au commerce (tarifs douaniers, lois, normes et réglementations techniques, etc.). Les accords de libre-échange contribuent à créer un marché international ouvert et concurrentiel (Source : Banque de développement du Canada).

**Agroécologie** : Approche holistique de la production alimentaire qui utilise et crée des connaissances sociales, culturelles, économiques et environnementales pour faire la promotion de la souveraineté alimentaire, de la justice sociale, de la durabilité économique et d'écosystèmes agricoles sains. L'agroécologie vise à remettre l'agriculture en harmonie avec l'écologie humaine, y compris notre biologie, notre environnement et nos structures culturelles et politiques. Elle vise à optimiser les interactions entre les végétaux, les animaux, les êtres humains et l'environnement, sans oublier les aspects sociaux dont il convient de tenir compte pour qu'un système alimentaire soit durable et équitable (Sources : Union nationale des fermiers du Canada et Organisation des Nations Unies pour l'alimentation et l'agriculture – FAO).

**Anthropocène** : Révolution géologique d'origine humaine. Succédant à l'Holocène, période de 11 500 ans marquée par une relative stabilité climatique, qui a vu l'éclosion de l'agriculture, des villes, des civilisations, l'Anthropocène a débuté avec la révolution industrielle et se manifeste aujourd'hui notamment par les changements climatiques et la perte de biodiversité occasionnés par l'activité humaine (Source : Christophe Bonneuil et Jean-Baptiste Fressoz, *L'événement Anthropocène : la Terre, l'histoire et nous*, Paris, Seuil, coll. Point, 2016).

**Antimondialisation** : Terme initialement attribué à la fin des années 1990 aux mouvements de contestation de la mondialisation néolibérale qui se manifestaient essentiellement lors des rencontres des institutions économiques internationales (OMC, FMI, Banque mondiale) ou des grands sommets internationaux (G7, ZLEA, Davos, etc.). À connotation plutôt péjorative, ce terme était surtout employé par les promoteurs de la mondialisation néolibérale, ou les médias qui lui étaient favorables, afin de dénoncer les mobilisations sociales et les groupes qui les appuyaient en les cantonnant dans une attitude de blocage et d'opposition. L'apparition du terme « altermondialisme » au tournant des années 2000 avec l'invention du FSM, a permis de dépasser cette connotation péjorative qui était imposée au mouvement par les élites économiques et politiques, en mettant plutôt de l'avant la dimension constructive des propositions de solutions de rechange, et non plus simplement l'opposition au modèle dominant. Le terme « antimondialisation » peut cependant encore être utilisé par certaines franges plus radicales du mouvement qui prônent une rupture majeure avec le système économique et politique en place (mouvance anarchiste). Il tend aussi à être récupéré par des groupes plus réactionnaires d'extrême droite liés aux mouvances néoconservatrices qui utiliseront plutôt le terme d'« antimondialiste », mais dans un sens très différent et essentiellement fondé sur la défense d'une identité culturelle jugée menacée par l'immigration.

**Approche intersectionnelle** : Outil pour analyser la manière dont les différents systèmes d'oppression s'articulent et se renforcent mutuellement. Le concept a été utilisé pour la première fois en 1989 par Kimberlé Crenshaw, une féministe afro-américaine qui constatait alors que dans la société états-unienne, les femmes afro-américaines étaient placées dans une position précise qui les brimait doublement, car les personnes noires étaient invisibles dans les enjeux féministes et les femmes étaient invisibles dans les mouvements d'égalité raciale. L'intersectionnalité a permis de renouveler la lutte féministe associée à la troisième vague de l'histoire du mouvement apparue dans les années 1990. Cette approche situe la lutte pour l'émancipation à l'intersection de différentes formes d'oppression, et principalement de genre, de race et de classe. Cette nouvelle approche théorique de la lutte féministe permet ainsi stratégiquement de décloisonner les mouvements et de faire des liens avec d'autres groupes sociaux en lutte contre les discriminations systémiques et pour la défense de leurs droits (Source : Ligue des droits et libertés).

**Biodiversité** : Aussi appelée « diversité biologique », elle désigne l'ensemble varié des formes de vie sur terre. Plus précisément, selon l'ONU, elle définit la variabilité des organismes vivants de toute origine y compris, entre autres, les écosystèmes terrestres, marins et autres écosystèmes aquatiques et les complexes écologiques dont ils font partie ; cela comprend la diversité au sein des espèces et entre espèces ainsi que celle des écosystèmes. Depuis 2001, l'ONU célèbre chaque 22 mai, jour où a été adoptée la Convention sur la diversité biologique des Nations Unies, comme Journée internationale de la diversité biologique (Source : Convention sur la diversité biologique, 1992).

**Brexit** : Nom donné à la sortie du Royaume-Uni de l'UE (terme formé de la contraction entre « Britain » et « exit »), à la suite du référendum organisé le 23 juin 2016. La question posée aux électeurs était : « Le Royaume-Uni doit-il rester membre de l'Union européenne ou quitter l'Union européenne ? ». 51,89 % des électeurs ont voté pour quitter l'UE. Le Royaume-Uni a quitté l'UE le 31 janvier 2020.

***Buen vivir*** : Traduction espagnole de *Sumak Kawsay* (en kichwa) – qui peut être traduit par « bien vivre » en français –, ce nouveau paradigme issu de la cosmovision autochtone andine constitue un projet de société original qui se démarque radicalement du modèle promu par le système mondial actuel. Porté par les dirigeants du mouvement autochtone équatorien, il a émergé comme une solution de remplacement au développement traditionnel. Il a été grandement légitimé à l'échelle internationale par son inscription dans la constitution de l'Équateur de 2008. Il est également inscrit dans la Constitution de Bolivie de 2009 comme *Suma Qamaña*, sa traduction en aymara. Il vise à substituer l'idée du « vivre bien » comme paramètre sociétal à celle du « vivre mieux ». En ce sens, il entend dépasser l'individualisme matérialiste et consumériste occidental et remettre en question les idées de croissance et de progrès qui fondent le modèle dominant de développement. Le *Buen vivir* se fonde essentiellement sur quatre principes : la justice sociale (le bien vivre pour tous et pas seulement pour quelques-uns) ; le respect de la nature (la « Terre mère » avec laquelle nous vivons en symbiose) ; une économie au service de la société (et non l'inverse qui fait que la croissance économique accroît les inégalités sociales) ; et finalement la recherche d'un équilibre entre tous les aspects de la vie (matériels et symboliques, mais aussi économiques, politiques, culturels et écologiques) (Source : Paul Cliche, « Le Sumak Kawsay et le Buen Vivir, une alternative au développement ? », *Possibles*, vol. 41, n° 2, automne 2017, p. 12-28).

**Camps Action Climat** (CAC) : Moments de rassemblement et de formation visant à accélérer les mobilisations face à l'urgence climatique et sociale. Organisés par des groupes environnementalistes et des activistes pour la justice climatique (Alternatiba, les Amis de la Terre et Action non-violente COP21 en France par exemple), ces camps entendent permettre aux jeunes générations (mais pas seulement) de se former aux enjeux écologiques et climatiques, aux nouvelles techniques de communication, aux modes d'action non-violente, et de réfléchir aux stratégies à mettre en œuvre pour faire avancer la cause de la justice climatique. Les CAC sont nés au Royaume-Uni au milieu des années 2000 afin de protester contre le développement de projets industriels écologiquement nuisibles (usine de charbon de Drax dans le nord de l'Angleterre). À l'heure actuelle, une vingtaine de camps sont organisés dans le monde (États-Unis, Australie, Nouvelle-Zélande, Danemark, Islande, Italie, Allemagne, etc.). En France, ils se sont multipliés à la suite de la COP21 de 2015. (Sources : campclimat.eu et *Reporterre*).

**Capitalisme** : Système économique qui vise à maximiser l'accumulation du capital soit, gagner de l'argent afin de pouvoir gagner plus d'argent. Il correspond à un mouvement historique initié il y a plus de 400 ans qui consiste à repousser sans cesse davantage les limites de la propriété privée et l'accumulation d'actifs. Ce mouvement passe par le développement des moyens de transport et de communication, permettant ainsi l'accroissement des échanges, de la production et de la consommation à l'échelle mondiale. Plus largement, il définit une forme d'organisation sociale qui divise la société entre la classe des propriétaires de celle des moyens de production, les « capitalistes » de celle des « travailleurs » qui n'ont que leur force de travail à vendre et qui entrent ainsi dans un rapport d'exploitation avec les possédants (Sources : Thomas Piketty, *Capital et idéologie*, Paris, Seuil, 2019 et Karl Marx, *Le Capital*, Paris, Les éditions sociales, 1968).

**Carboneutralité** : Situation dans laquelle les émissions anthropiques (dues à l'activité humaine) de gaz à effet de serre dans l'atmosphère sont entièrement compensées par l'absorption anthropique de ces gaz au cours d'une période donnée (zéro émission nette) (Source : *Loi canadienne sur la responsabilité en matière de carboneutralité*, juin 2021).

**Charte de principes du FSM** : Le premier FSM a été organisé en janvier 2001 à Porto Alegre (Brésil) par un comité composé de huit organisations brésiliennes (ABONG, ATTAC, CBJP, CIVES, CUT, IBASE, MST, RSJDH). Face au succès de mobilisation de l'événement, les organisations fondatrices ont décidé de poursuivre l'aventure des Forums. Pour ce faire, elles ont décidé d'élaborer la Charte de principes du FSM qui a été adoptée par le Conseil international du FSM (composé alors des huit organisations brésiliennes originelles auxquelles s'est ajoutée une quarantaine d'organisations provenant de partout dans le monde) en juin 2001. Cette Charte comprend 14 articles et permet de définir ses objectifs et de guider le processus d'organisation des forums sociaux mondiaux à venir (Source : Chico Whitaker, *Changer le monde : [nouveau] mode d'emploi*, Paris, Les Éditions de l'Atelier, 2006).

***Chicago Boys*** : Groupe de jeunes économistes chiliens qui étudièrent dans les années 1960 à l'Université de Chicago, sous la supervision de Milton Friedman, adepte des thèses néolibérales de Friedrich Hayek qui érigeait alors le « marché libre » à l'état de quasi-religion. Les « Boys » ont été par la suite dépêchés au Chili pour appuyer la dictature du général Pinochet au début des années 1970 et notamment y expérimenter les premières politiques néolibérales (abolition du contrôle des prix, privatisation des entreprises nationales, libéralisation du marché financier, dérégulation de l'économie, indexation de la monnaie sur le dollar, etc.). Cette stratégie a été un succès en matière de croissance, avec un taux annuel qui atteignit jusqu'à 8 %, même si dans le même temps, le chômage et les inégalités explosaient. En 1975, Milton Friedman s'est rendu au Chili pour y rencontrer Pinochet. Il en a profité pour féliciter ses « brillants étudiants »

d'avoir présidé au « miracle chilien ». Pendant ce temps, le gouvernement torturait des milliers d'opposants. En 1982, le pays a été frappé d'une récession majeure, les entreprises ont fait faillite et Pinochet a renvoyé les *Chicago Boys*. Mais sous leur influence, le Chili a été le premier laboratoire d'expérimentation du néolibéralisme, avant qu'il ne s'impose mondialement avec la conversion à cette nouvelle idéologie du Royaume-Uni de Margaret Thatcher (1979) et surtout des États-Unis de Ronald Reagan (1980) (Source : Naomi Klein, *La stratégie du choc : la montée d'un capitalisme du désastre*, Arles, Actes Sud, 2008).

**Collapsologie** : Nouveau champ de savoir qui pourrait se traduire par la « science de l'effondrement ». Elle se donne pour objectif de développer une analyse systémique et transdisciplinaire de la situation économique et biophysique de la planète qui permettrait de donner une vue d'ensemble de ce à quoi pourrait ressembler un effondrement civilisationnel généralisé et de ce qu'il voudrait dire en termes psychologiques, sociologiques et politiques pour les générations présentes. Dans une perspective de transition, la collapsologie fournit un cadre théorique pour entendre, comprendre et accueillir toutes les petites initiatives qui vivent déjà dans le monde post-carbone en émergence (Source : Pablo Servigne et Raphaël Stevens, *Comment tout peut s'effondrer : petit manuel de collapsologie à l'usage des générations présentes*, Paris, Seuil, 2015).

**Communs** : Ressources gérées collectivement par une communauté qui établit des règles et une gouvernance dans le but de préserver et pérenniser cette ressource. Ainsi, on peut identifier des communs à partir de trois éléments constitutifs : une ressource (une chose tangible ou intangible), une communauté et une pratique de faire en commun qui établit des règles d'accès et de partage. Deux visions théoriques des communs et de leur gestion se sont opposées. D'une part, une vision plutôt pessimiste articulée dans les années 1960 autour de la tragédie des communs (Garrett Hardin) énonce que la poursuite rationnelle par chaque individu de son intérêt débouche nécessairement sur la destruction du commun librement mis à disposition. D'autre part, une vision plus optimiste développée dans les années 1990 (Elinor Ostrom) postule qu'une bonne gouvernance des communs est possible si ces derniers sont gérés collectivement selon des règles de partage et de réciprocité (Sources : Le portail des communs et Géoconfluences-ENS Lyon).

**Culture du viol** : Ensemble de comportements qui banalisent, excusent et justifient les agressions sexuelles ou les transforment en plaisanteries et divertissements. Le corps des femmes y est considéré comme un objet destiné à assouvir les besoins des hommes. Les commentaires sexistes abondent et créent un climat confortable pour les agresseurs. Dans une telle culture, la responsabilité de l'agression repose sur la victime, dont la parole est remise en cause (Source : ONU femmes).

**Désobéissance civile** : Forme d'action qui consiste à refuser, de façon non-violente et publique, de remplir une obligation légale au motif qu'elle viole un « principe supérieur de justice », afin de se faire sanctionner pour que la légitimité de cette obligation légale, que l'on juge illégitime, soit contestée à l'occasion d'un appel en justice. Le concept a été inventé par le penseur américain Henry David Thoreau en 1854 qui considérait qu'il devait s'opposer à la loi commune, s'isoler de la société, puisqu'il ne s'y reconnaissait pas (notamment lorsque son pays faisait la promotion de l'esclavage ou faisait la guerre à son voisin, le Mexique). Ainsi, la désobéissance se fonde sur un principe moral individualiste, la confiance en soi, qui encourage l'individu à refuser la loi commune et acceptée des autres, en se fondant sur sa propre conviction qu'elle est injuste et ne lui convient pas. Elle a été pratiquée pour promouvoir de grandes causes qui lui ont donné ses lettres de noblesse (la lutte pour l'indépendance de l'Inde menée par Gandhi, les mobilisations contre la guerre d'Algérie, du Vietnam, le combat contre la colonisation, la ségrégation raciale, les luttes pour le droit à l'avortement ou à la libre sexualité, etc.). On la retrouve aujourd'hui dans la volonté de soutenir des migrants illégaux et des clandestins ou pour lutter contre les projets de développement jugés nocifs pour l'environnement. Finalement, la désobéissance n'est pas un refus de la démocratie, au contraire. Nous avons non seulement le droit, mais le devoir de désobéir, lorsque le gouvernement agit contre nos propres principes. La désobéissance civile s'impose quand nous n'avons plus dans la vie publique les conditions de la conversation où nous pourrions raisonnablement exprimer notre différend, quand nous sommes dépossédés de notre voix et du langage commun (Source : Sandra Laugier, « La désobéissance comme principe de la démocratie », *Pouvoirs*, vol. 4, n° 155, 2015, p. 43-54).

**Développement durable** : Type de développement qui répond aux besoins du présent sans compromettre la capacité des générations futures à répondre aux leurs. Le développement durable s'appuie donc sur une vision à long terme de l'organisation des sociétés qui prend en compte le caractère indissociable des dimensions environnementale, sociale et économique des activités humaines (Source : Rapport Brundtland/ Commission mondiale sur l'environnement et le développement, 1987).

**Domination masculine** : Forme de violence symbolique qui va au-delà de la conscience et qui s'ancre dans des manières d'être, des dispositions et un rapport au corps, qui reproduisent la domination des hommes sur les femmes et s'inscrivent dans les conceptions que nous avons de la masculinité et de la féminité (Source : Pierre Bourdieu, *La domination masculine*, Paris, Seuil, 1998).

**Droits de la Terre mère** : Série de droits énoncés dans la *Déclaration universelle des droits de la Terre mère* adoptée le 22 avril 2010, à Cochabamba (Bolivie) à l'occasion de la Conférence mondiale des peuples sur les changements climatiques. Ces droits visent à prendre conscience « que nous faisons tous partie de la Terre mère, communauté de vie indivisible composée d'êtres interdépendants et intimement liés entre eux par un destin commun », et que « dans une communauté de vie impliquant des relations d'interdépendance, il est impossible de reconnaître des droits aux seuls êtres humains sans provoquer de déséquilibre au sein de la Terre mère ». Ainsi, en reconnaissant, entre autres, le droit à la vie et au respect à la Terre mère ainsi qu'aux autres êtres vivants qui l'habitent, cette déclaration permet d'insister sur les obligations des êtres humains à l'égard de leur milieu de vie (Source : rightsofmotherearth.com).

**Écoanxiété** : Sentiment d'anxiété ou préoccupation ressenti par une personne devant les bouleversements causés par les changements climatiques. Selon une étude menée en 2021 auprès de 10 000 jeunes dans 10 pays, plus de la moitié des jeunes de 16 à 25 ans souffrent d'écoanxiété (Source : Elizabeth Marks, Caroline Hickman, Panu Pihkala *et al.*, « Young People's Voices on Climate Anxiety, Government Betrayal and Moral Injury », *The Lancet*, sept. 2021, p. 1-23).

**Écoféminisme** : Théorie composée de différentes approches articulées autour de l'idée que les institutions patriarcales sont responsables de la domination et de l'exploitation à la fois des femmes et de la nature. Ces analyses se fondent sur le constat que la pensée et le monde moderne issus du siècle des Lumières européen n'ont pas vraiment libéré l'humanité, mais ont plutôt conduit à la destruction de la nature et l'oppression des femmes. Cette oppression touche aussi, par extension, les laissés pour compte du développement du capitalisme (les pauvres), ainsi que les victimes de la colonisation (les peuples du Sud, les groupes racisés, les Autochtones). Ce terme, issu de la contraction des mots « écologie » et « féminisme », a été introduit par Françoise d'Eaubonne en 1972. Il sera ensuite repris et développé par d'autres autrices à travers le monde pour lui donner un relief plus politique et en faire un outil de revendication sociale (Mary Mellor, Maria Mies, Vandana Shiva et Ariel Salleh). L'écoféminisme, en permettant de

faire converger les mouvements féministes et écologistes, peut conduire à conclure des alliances stratégiques. Cela suppose de dépasser le débat sur l'essentialisme (le fondement biologique de la féminité) qui peut diviser le mouvement féministe, pour se concentrer sur la critique des institutions patriarcales, sur l'importance de l'action politique et citoyenne et sur le partage avec les autres mouvements des apports du militantisme féministe en matière d'organisation, de processus décisionnels et de stratégies d'action (Sources : Anne-Line Gandon, « L'écoféminisme : une pensée féministe de la nature et de la société », *Recherches féministes*, vol. 22, n° 1, 2009, p. 5-25 et Réseau des femmes en environnement – Québec).

**Énergies fossiles** : Sources d'énergie produites par la combustion du charbon, du pétrole ou du gaz naturel. Ces combustibles, riches en carbone et hydrogène, sont issus de la transformation de matières organiques enfouies dans le sol depuis des millions d'années (d'où le terme « fossiles »). Ce sont des énergies non renouvelables puisqu'une fois utilisées, elles ne peuvent être reconstituées qu'à l'échelle très longue des temps géologiques. La formation du charbon, du pétrole et du gaz est en effet le produit d'un processus qui s'étend sur des millions d'années. La plupart des charbons exploités sous forme de mines par l'activité humaine résultent de la sédimentation d'arbres et de végétaux intervenue il y a plus de 300 millions d'années (ère du Carbonifère). Les énergies fossiles représentent aujourd'hui plus des 3/4 de la consommation mondiale d'énergie (transports, industrie, habitat). Elles sont également majoritaires (plus des 2/3) dans la production de l'électricité, malgré la progression continue de la part des énergies renouvelables. Les énergies fossiles sont la cause principale des émissions de CO2 qui conduisent au réchauffement climatique. Leurs réserves, même si elles sont encore vastes, ne sont pas inépuisables, contrairement aux énergies renouvelables (Source : planete-energies.com).

**Extractivisme** : Concept originaire d'Amérique latine, formé à partir de l'adjectif « extractif » en portugais (brésilien) afin de désigner une activité consistant à puiser dans le milieu naturel quelque chose qu'on ne contribue pas à (ré)générer (produits végétaux et animaux non cultivés, mais aussi, et surtout, hydrocarbures, minerais, etc.). Dans les années 2000, le terme, redéfini dans la partie hispanophone de l'Amérique du Sud, renvoie à des formes d'exploitation de la nature beaucoup plus destructrices et sert, cette fois, à mettre en garde contre les promesses du développement lié à l'exploitation intensive des ressources naturelles (Maristella Svampa). Le concept alimente donc une théorie critique du modèle économique spécifique légué à l'Amérique latine par la colonisation européenne, consolidée et renforcée plus récemment avec la mondialisation et la fièvre extractive engendrée par l'explosion des cours mondiaux des biens dits primaires (Source : Anna Bednik, *Extractivisme : exploitation industrielle de la nature – logiques, conséquences, résistances*, Paris, Le Passager clandestin, 2016).

**Fascisme** : Nom donné originellement au mouvement politique paramilitaire (les « faisceaux de combat ») créé en 1919 en Italie par Benito Mussolini, qui accédera au pouvoir en 1922 sur l'invitation du roi Victor-Emmanuel III après diverses démonstrations de forces (les marches sur Milan et Rome mobilisant des dizaines de milliers de fascistes en armes). Puis, par extension, ce terme sera utilisé pour caractériser des régimes politiques totalitaires qui émergent dans des contextes de malaise général causé par de graves crises économiques et sociales, qui vont répondre à la frustration populaire par l'exaltation de l'idée de race ou de nation, l'imposition d'un parti unique pour contrôler les masses de manière autoritaire et le développement d'une conception mystique, voire irrationnelle de la politique valorisant le chef comme guide suprême de la communauté nationale conçue comme homogène et monolithique (pensons au nazisme dans l'Allemagne hitlérienne notamment). Le fascisme n'est cependant pas structuré autour d'une idéologie forte, c'est plutôt une forme de « totalitarisme flou » (Umberto Eco) qui puise à divers courants politiques, souvent contradictoires, mais dont la ligne directrice demeure le pragmatisme et surtout l'action. Il est malgré tout possible de discerner quelques traits communs de cette nébuleuse fasciste qui vont s'agencer de différentes manières en fonction des contextes historiques et sociaux, notamment : le culte de la tradition, le rejet du rationalisme, la primauté de l'action sur la réflexion, le refus de la critique et de la dissidence, la peur de la différence, l'obsession du complot et la défense de la nation, la xénophobie, l'appel aux défavorisés et aux classes moyennes frustrées, le machisme et l'exaltation de la force, le penchant militariste, le populisme et le culte du chef, la critique du parlementarisme et le développement d'un vocabulaire et d'un imaginaire qui lui sont propres (Sources : Pierre Milza, *Les Fascismes*, Paris, Seuil, 1985 et Umberto Eco, *Reconnaître le fascisme*, Paris, Grasset, 2017).

**Groupe racisé** : Groupe social ou minorité issus de sociétés anciennement colonisées ou marquées par la ségrégation, comme l'esclavage, subissant encore des formes de discrimination sur la base de cette construction sociale qu'est la race. Ce racisme est systémique lorsqu'il traduit une logique collective qui favorise un groupe plutôt qu'un autre (par exemple, la majorité blanche face aux minorités racisées) par intérêt ou selon des critères purement arbitraires. Cela conduit à nier l'égalité des droits de toutes et de tous dans nos sociétés (Sources : Amel Zaazaa et Christian Nadeau (dir.), *11 brefs essais contre le racisme : pour une lutte systémique*, Montréal, Éditions Somme toute, 2019 et Ligue des droits et libertés).

**Illibéralisme** : Le concept de « démocratie illibérale » a été forgé par le politologue Fareed Zakaria au début des années 2000 afin de donner un nom au désenchantement qui avait suivi l'écroulement du bloc de l'Est dans les années 1990 et la promesse trompeuse du triomphe de la démocratie libérale (la fameuse fin de l'Histoire de Francis Fukuyama). La démocratie et le libéralisme ne se développent pas toujours de manière conjointe et ne sont pas nécessairement synonymes. Tout comme les pays européens étaient majoritairement des autocraties libérales (le libéralisme sans la démocratie) jusqu'au 20e siècle, nous assisterions aujourd'hui à la montée des démocraties illibérales (la démocratie sans le libéralisme) dans de nombreux coins du globe et notamment en Europe (Hongrie, Pologne, Slovaquie). Le concept est aujourd'hui mis de l'avant comme une solution de remplacement à la démocratie libérale classique (inspiré du libéralisme politique) qui légitimerait des régimes politiques populistes qui critiquent les institutions jugées technocratiques (comme l'UE) et en appelle à la défense du peuple pour limiter les droits et libertés fondamentales de certaines catégories sociales (les migrants, les minorités sexuelles) ou porter atteinte à l'État de droit (indépendance de la justice, liberté de la presse) (Source : Didier Mineur, « Qu'est-ce que la démocratie illibérale ? », *Cités*, vol. 3, n° 79, 2019, p. 105-117).

**Impérialisme** : Dérivé du latin *imperium* qui signifie « commandement, autorité » ou, par extension, « puissance », ce terme a tout d'abord été utilisé pour désigner le gouvernement abusif et militariste en France pendant le Second Empire et en Russie tsariste à la fin du 19e siècle. Il a ensuite été appliqué de manière rétroactive à l'Empire romain. Puis, des liens ont été établis avec les conquêtes coloniales. Traduisant la volonté de domination d'un peuple sur un autre, l'impérialisme signifie donc les efforts déployés par un État pour étendre sa puissance par la conquête de territoires (Arthur Salz). À cette première définition du concept, plutôt politique, une seconde, plutôt économique, a été développée à la suite des travaux du Britannique John A. Hobson (1902), repris par le courant marxiste (Lénine, Luxembourg) et plus récemment par les auteurs Hardt et Negri (2000) ainsi que Petras et Veltmeyer (2001). Stade ultime du développement du capitalisme, l'impérialisme serait alors un système mondial, décentré et organisé en réseau, visant l'imposition du marché mondial aux peuples de la planète liés par des relations commerciales fortement inégales (Source : George Steinmetz, « Empire et domination mondiale », *Actes de la recherche en sciences sociales*, vol. 1-2, n° 171-172, 2008, p. 4-19).

**Individualisme** : Doctrine qui fait de la personne, l'individu, un point de référence indépassable et insiste sur sa liberté. Le terme s'oppose ainsi à celui de « collectivisme » qui vise plutôt à faire primer le collectif sur l'individuel. Du point de vue sociologique, on dit qu'une société est individualiste lorsque l'autonomie consentie aux individus par les lois, les mœurs et les contraintes sociales est très large (Durkheim). C'est aussi le terme utilisé par Tocqueville, cet aristocrate français de l'Ancien Régime observateur de la société américaine du début du 19e siècle, pour expliquer les agissements des citoyens américains, surtout soucieux de leur vie privée et peu concernés par la vie publique (Source : Pierre Birnbaum et Jean Leca (dir.), *Sur l'individualisme : théories et méthodes*, Paris, Presses de Sciences Po, 1991).

**Internationalisme** : Principe de solidarité entre les travailleurs du monde entier issu du mouvement ouvrier européen de la deuxième moitié du 19e siècle. S'incarnant dans la célèbre formule de Karl Marx, « Prolétaires de tous les pays, unissez-vous ! », qui concluait son *Manifeste du Parti communiste* (1848), l'internationalisme prolétarien visait à construire des solidarités entre les classes opprimées, par-delà les frontières nationales, afin de résister au développement du capitalisme visant à unifier l'économie mondiale au profit des classes dominantes (bourgeoisie). Il s'incarnera dans différentes organisations politiques (*les Internationales*) qui tenteront successivement, sous quatre formes différentes (L'Association internationale des travailleurs 1864-1872 ; l'Internationale ouvrière 1899-1914 qui renaîtra en 1951 sous le terme d'Internationale socialiste ; l'Internationale communiste 1919-1943 ; et finalement la quatrième Internationale fondée en 1938 par les trotskystes). À cette forme d'organisation internationale des mouvements engagés dans la lutte des classes, viendra répondre, au lendemain de la Première Guerre mondiale un internationalisme libéral qui cherchera plutôt, à travers la Société des Nations (SDN) tout d'abord, puis au sein de l'ONU à partir de 1945, à construire des institutions internationales instaurant un nouvel ordre mondial visant la sécurité collective et l'ouverture des marchés (Sources : wikirouge.net et project-syndicate.org).

**Justice sociale** : Aussi appelée « justice distributive », elle s'efforce de résoudre les conflits de répartition des ressources entre les individus. Trois critères sont généralement identifiés pour parvenir à un partage jugé juste des ressources : la satisfaction des besoins fondamentaux de chacun pour assurer le bien-être personnel de toutes et tous ; le respect de l'équité afin d'aboutir à une redistribution qui est proportionnelle aux investissements des uns et des autres de manière à favoriser la productivité économique en valorisant le mérite ; et l'égalité de traitement des uns et des autres afin de construire des relations sociales harmonieuses. Dans cette perspective, la lutte contre les inégalités, la satisfaction des besoins de base de toutes et tous et la reconnaissance du mérite de chacun constituent les trois exigences centrales de la justice sociale (Source : François Dubet (dir.), *Inégalités et justice sociale*, Paris, La Découverte, 2014).

**Justice environnementale** : Aussi appelée « justice climatique », elle vise à faire face à la crise écologique en reconnaissant des droits à la nature pour assurer la protection du vivant. De même que nous nous sommes dotés de Déclarations et de Chartes reconnaissant les êtres humains et condamnant les crimes contre l'humanité, dans le but de protéger l'égale dignité de toutes et tous, nous pourrions reconnaître la nature comme sujet de droits et adopter des textes juridiques pour la protéger. C'est d'ailleurs ce qu'a fait l'Équateur en 2008 en inscrivant dans sa Constitution « les Droits de la Terre mère », la *Pachamama*. De même, la Bolivie a adopté en 2010 une « Loi sur les droits de la Terre mère ». Le 15 mars 2017, le Parlement néo-zélandais a accordé le statut de personne juridique au fleuve Whanganui, qui se trouve sur le territoire d'une communauté maorie, désignée comme son représentant légal. Aux États-Unis, les résidents de Toledo (Ohio), une agglomération de 600 000 habitants, ont approuvé par référendum en février 2019 une « Déclaration des droits du lac Érié » visant à permettre des poursuites judiciaires contre les atteintes à son intégrité. Un projet comparable vise à faire de la Seine, le « fleuve-capitale », le premier ensemble naturel à se voir reconnaître une personnalité juridique, en France (Source : Catherine Larrère, « Faire droit au vivant », *Délibérée*, vol. 3, n° 8, 2019, p. 12-18).

**Keynésianisme** : Théorie économique fondée sur les travaux de l'économiste britannique John M. Keynes (1883-1946), considéré comme le fondateur de la macroéconomie moderne. L'idée maîtresse de cette école de pensée est que l'intervention de l'État peut stabiliser l'économie. Il présente les principes de base du keynésianisme dans la *Théorie générale de l'emploi, de l'intérêt et de la monnaie* (1936). Selon lui, les simples décisions des acteurs économiques sur le marché libre ne suffisent pas à assurer le plein-emploi et la croissance. La loi de l'offre et de la demande, telle qu'elle est énoncée par la théorie néoclassique de l'équilibre général (d'inspiration microéconomique) ne s'établit pas automatiquement à un niveau garantissant le plein-emploi. Keynes se sépare également de la théorie néoclassique en affirmant la non-neutralité de la monnaie. L'offre de monnaie et le niveau des taux d'intérêt influent sur les décisions d'investissement, de thésaurisation ou de consommation, et donc, en définitive, sur le niveau de la production. Dans ces conditions, les gouvernements sont investis d'une mission de régulation conjoncturelle visant à relancer une croissance défaillante ou à contrôler l'inflation et les déficits extérieurs. Ils disposent pour cela de deux instruments principaux : le budget de l'État et la monnaie, car l'augmentation des dépenses publiques, la baisse des taux d'intérêt et l'abaissement des impôts ont un effet de stimulation sur l'activité. Les mesures inverses, telles que la rigueur budgétaire et la hausse des taux, exercent quant à elles une action restrictive. Mais les chocs pétroliers des années 1970 jetteront le discrédit sur les politiques keynésiennes, provoquant ainsi un changement de paradigme dont les effets se font sentir jusqu'à nos jours (Source : Michel Kauffmann, « Quel avenir pour le keynésianisme ? », *L'Économie politique*, vol. 2, n° 14, 2002, p. 55-66).

**Libéralisation** : Politique économique visant la suppression générale des mesures qui restreignent la libre circulation des biens et des services entre les États (droits de douane, quotas, subventions aux secteurs nationaux). Elle vise à favoriser la concurrence internationale et permettre la construction d'un marché mondial. C'est la politique inverse de celle du protectionnisme qui vise plutôt à fermer les marchés nationaux aux produits étrangers (Source : Ulrich Ehricke, « Les principes de libération et de libéralisation : de l'ouverture des marchés à l'adaptation aux conditions de la concurrence mondiale – l'exemple de la CE », *Revue internationale de droit économique*, t. 17, n° 3, 2003, p. 357-372).

**Libéralisme classique** : Courant de pensée qui s'affirme avec la modernité occidentale et le siècle des Lumières (18e siècle) et qui place la liberté individuelle et la propriété privée comme valeurs centrales de la société. Il se décline selon deux axes : économique et politique. Le libéralisme économique, dans la lignée d'Adam Smith (1723-1790) et de David Ricardo (1772-1823), entend favoriser le développement de la libre entreprise en limitant le pouvoir d'intervention des États afin de ne pas gêner le jeu de la libre concurrence. Le libéralisme politique, issu de John Locke (1632-1704) et Montesquieu (1689-1755), insiste lui aussi sur la limitation des pouvoirs de l'État afin de garantir l'épanouissement des libertés et droits individuels. Dans les deux cas donc, il faut éviter la formation de monopoles qui ne conduiraient qu'à des abus de pouvoir ou des distorsions du marché, tous les deux liberticides (Source : Samuel Béreau, *Histoire du libéralisme*, Paris, Ellipses, 2016).

**Luddites** : Artisans et ouvriers qualifiés des industries textiles du centre et du nord de l'Angleterre qui, confrontés à l'utilisation nouvelle de machines en vue de réduire les salaires, ont eu recours entre mars 1811 et avril 1817 à la destruction des machines et à l'instauration d'un climat de terreur parmi leurs propriétaires afin de préserver leurs salaires, leurs emplois et leurs métiers. Ils doivent leur nom à Ned Ludd, un apprenti qui aurait brisé un métier à tisser chez son maître à Leicester en 1779, et dont le nom (Général Ludd) était utilisé lors des mouvements de 1811-1817 pour signer les lettres de menaces aux propriétaires de machines et aux autorités. Cette forme d'action directe dirigée contre l'appareil de production et plus largement contre les innovations technologiques et leurs incidences sur la qualité du travail et les conditions de vie dépasse cet épisode historique et se rassemble désormais sous le terme de « luddisme » qu'on peut voir se manifester encore de nos jours (notamment chez les faucheurs volontaires d'organisme génétiquement modifié – OGM) (Source : P. Minard, « Le retour de Ned Ludd : le luddisme et ses interprétations », *Revue d'histoire moderne & contemporaine*, vol. 1, n° 54-1, 2007, p. 242-257).

**Néoconservatisme** : Courant de pensée qui émerge aux États-Unis dans les années 1960 en réaction à l'évolution du libéralisme qui tend de plus en plus, dans le contexte d'affirmation du keynésianisme et des mouvements contestataires, à adopter une vision interventionnisme de l'État dans la société. En matière de politique intérieure, les néoconservateurs dénoncent le relativisme culturel qui octroie des droits aux minorités et prône plutôt le retour aux vertus morales traditionnelles de l'Amérique. Ils critiquent par ailleurs l'État-providence qui multiplie les mesures sociales. En politique étrangère, ils encouragent le patriotisme et critiquent les institutions internationales héritées de l'internationalisme libéral. Ils considèrent que les grandes puissances doivent défendre avant tout leur intérêt national. À la suite des attentats du 11 septembre 2001, les néoconservateurs consolident leur emprise sur l'administration du président Georges W. Bush. Les États-Unis se lancent alors dans la guerre au terrorisme (Irak, Afghanistan) au nom de la défense des valeurs et de la civilisation occidentale dont les États-Unis seraient le porte-étendard (Source : Bruno Tertrais, « Que reste-t-il du "néoconservatisme" ? », *Critique internationale*, vol. 4, n° 25, 2004, p. 9-18).

**Oligarchie :** Régime politique qui confère l'exercice du pouvoir à un petit nombre de gens. Son existence historique a été constatée dès l'Antiquité grecque ; Platon, Aristote et Hérodote en font mention. Le terme est cependant réapparu dans le sillage de la mondialisation pour dénoncer l'érosion de nos systèmes démocratiques. Que ce soit pour dénoncer le pouvoir des riches (ploutocratie), des puissants (aristocratie) ou encore des experts (technocratie), la question de l'oligarchie se trouve aujourd'hui au cœur des débats sur la justice, l'égalité et la liberté. La logique oligarchique réduit les affaires publiques à une mainmise du petit nombre au détriment du grand, ce qui ne peut que se traduire par de multiples injustices sociales, économiques, politiques et culturelles. L'extension de l'oligarchie porte également atteinte au principe de l'égalité des citoyens, en favorisant indûment certains tout en écartant le nombre. Enfin, la présence effective de l'oligarchie réduit radicalement le champ d'extension de la liberté politique puisque celle-ci ne peut être l'apanage de tous (Source : Martin Breaugh, « De l'oligarchie : considérations préliminaires pour une enquête sur le règne du petit nombre aujourd'hui », *Tumultes*, vol. 2, n° 45, 2015, p. 163-179).

**Paradis fiscal** : Pays ou territoire qui adoptent délibérément des lois et des politiques fiscales permettant à des particuliers ou à des entreprises de réduire au maximum leurs impôts dans les pays où ils sont réellement actifs. Il attire les capitaux en offrant des avantages fiscaux sans exiger une réelle activité économique sur place, en garantissant un taux d'imposition très faible, voire nul, et surtout le secret bancaire. Les paradis fiscaux participent à l'aggravation des inégalités en favorisant l'évasion fiscale des grandes entreprises et des grandes fortunes. Lorsque ces derniers ne payent pas leur juste part d'impôt, cela prive les États de ressources essentielles pour financer les services publics (santé, éducation, infrastructures). Selon la dernière étude du réseau international *Tax Justice Network* (novembre 2020), l'évasion fiscale dans le monde s'élèverait à 427 milliards de dollars par année (Source : OXFAM France).

**Pensée unique** : Traduction en termes idéologiques à prétention universelle des intérêts d'un ensemble de forces économiques. Elle inspire les grandes institutions économiques et monétaires internationales (Banque mondiale, FMI, OCDE, OMC) qui, par leur financement, enrôlent au service de leurs idées, à travers toute la planète, de nombreux centres de recherches, universités et fondations. Le premier principe de la pensée unique est que l'économique l'emporte sur le politique. Les autres concepts clés sont la primauté du marché (et tout particulièrement des marchés financiers), l'importance de la concurrence et de la compétitivité qui stimulent l'activité économique, le libre-échange mondialisé, la division internationale du travail, la monnaie forte, la déréglementation, la privatisation, etc. En somme, un mode de pensée qui prône toujours moins d'intervention de l'État dans la vie économique et qui demeure indifférent au coût social et écologique du capitalisme mondialisé (Source : Ignacio Ramonet, « La pensée unique », *Le Monde diplomatique*, janvier 1995).

**Piqueteros** : Mouvement de protestation qui émerge en Argentine au début des années 2000 et qui se manifeste par une nouvelle forme de mobilisation sociale consistant à ériger des barricades (*piquetes*) pour bloquer les routes nationales du pays. Ce mouvement est composé des populations les plus défavorisées ainsi que des sans-emploi qui sont mis à l'écart de tout rapport de force (grève ou autre) pour faire valoir leur demande : essentiellement avoir du travail. Ce mouvement qui prend son essor dans un pays alors en pleine faillite économique, est l'héritier, dans une certaine mesure, du mouvement d'occupation illégale des terres et d'organisation des quartiers, développés depuis 20 ans dans les banlieues des grandes villes, notamment Buenos Aires. Il témoigne d'une dégradation des capacités de l'État à subvenir aux besoins essentiels de sa population, mais aussi à la décomposition du salariat. 30 % de la population active d'Argentine travaillaient alors dans des conditions illégales et précaires et 20 % étaient au chômage (Source : Denis Merklen, « Le quartier et la barricade : le local comme lieu de repli et base du rapport au politique dans la révolte populaire en Argentine », *L'Homme & la Société*, vol. 1, n° 143-144, 2002, p. 143-164).

**Programmes d'ajustement structurel (PAS)** : Conditionnalités économiques imposées en échange de prêts qui ont été élaborés par la Banque mondiale et le FMI au début des années 1980 avec un double objectif : 1. aider les pays en développement à retrouver une situation économique plus saine et 2. assurer la survie du système bancaire international mis en péril par des placements inconsidérés au cours des années précédentes (crise de la dette caractérisée par l'incapacité des États à rembourser leurs prêts). Concrètement, les PAS appliquaient essentiellement la même recette néolibérale aux différents pays qui se les faisaient imposer, notamment : la dévaluation de la monnaie nationale pour rendre les exportations plus compétitives ; la promotion des exportations afin d'accroître l'acquisition de devises pour équilibrer la balance des paiements et rembourser la dette ; la limitation des dépenses publiques (notamment dans les domaines sociaux coûteux) ; la privatisation des entreprises d'État et la diminution de la fonction publique ; la suppression des barrières douanières pour favoriser la concurrence et l'insertion sur les marchés mondiaux (Source : Bruno Dujardin, M. Dujardin et I. Hermans, « Ajustement structurel, ajustement culturel ? », *Santé Publique*, vol. 15, no. 4, 2003, p. 503-513).

**Populisme** : Idéologie qui considère que la société est séparée en deux groupes homogènes et opposés, le peuple pur et l'élite corrompue, et qui soutient que la politique

devrait être une expression de la volonté générale du peuple. Il émerge dans la Russie tsariste du milieu du 19e siècle et se retrouve dans l'Amérique agraire appauvrie à la suite de la guerre de Sécession. Il se développera ensuite dans l'Amérique latine du début du 20e siècle et s'y retrouve encore articulé autour des chefs providentiels en lutte contre l'oligarchie (Chávez au Venezuela, Correa en Équateur). Ce concept ressurgit en force en Europe depuis la fin des années 1980, dans le sillage de la mondialisation et de la construction européenne. Il peut s'articuler contre « ceux d'en haut », les élites ou les technocrates, aussi bien que contre « ceux d'en face », les immigrants et les étrangers (Source : Pascal Perrineau, *Le Populisme*, coll. « Que sais-je ? », Paris, PUF, 2021).

**Réfugié / Réfugiée** : Personne contrainte de s'exiler du pays dont elle a la nationalité ou qui constitue sa résidence habituelle parce qu'elle est persécutée du fait de sa race, religion, nationalité, appartenance à un certain groupe social ou de ses opinions politiques (Source : Convention de Genève du 28 juillet 1951).

**Réglementation / Déréglementation** : La réglementation consiste en l'imposition de règles par l'État (la puissance publique) pour corriger les défaillances du marché (les acteurs privés). Ainsi, pendant les Trente Glorieuses (1945-1975), les pouvoirs publics contrôlaient le marché des changes, les marchés financiers, et réglementaient des activités jugées essentielles ou d'intérêt général comme les transports, l'énergie ou les télécommunications. La déréglementation désigne au contraire la suppression progressive de ces règles. Elle est soutenue par des économistes néolibéraux estimant que le marché peut s'autoréguler et que la réglementation étatique entrave le dynamisme économique. Dès les années 1970, des dirigeants comme Augusto Pinochet (Chili), puis Margaret Thatcher (Royaume-Uni) ou Ronald Reagan (États-Unis) ont appliqué des politiques de déréglementation, poursuivies dans les décennies suivantes par la plupart des pays du monde (Source : Renaud Chartoire, *Dix questions sur le capitalisme aujourd'hui*, Auxerre, Éditions Sciences Humaines, 2014).

**Révolution numérique** : Phénomène contemporain caractérisé par la production exponentielle de données personnelles ; la circulation unifiée de toutes ces données grâce à Internet ; l'immense capacité de stockage et de traitement de ces données (*big data*) ; et la multiplication d'applications, via les grandes plates-formes numériques, afin de répondre potentiellement à tous les besoins sociaux, que ce soit dans la sphère domestique, économique, administrative ou culturelle. Cette nouvelle révolution s'appuie ainsi sur un changement technologique (l'ère numérique bientôt renforcée par le développement de l'intelligence artificielle – IA), qui occasionne un profond changement économique se traduisant actuellement par la suprématie des GAFAM dans le palmarès mondial des entreprises multinationales. Plus fondamentalement, la révolution numérique vient transformer en profondeur nos sociétés (interaction profonde des sphères économique et sociale, vie quotidienne et pratique politique soumise aux algorithmes, modification de la frontière entre espace public et privé), jusqu'à conduire à un véritable changement anthropologique (réalité augmentée et posthumanisme) qui, pour certains comme Gilles Babinet ou Yuval Noah Harari, ouvre un nouvel âge de l'humanité (Source : Pierre Beckouche, « La révolution numérique est-elle un tournant anthropologique ? », *Le Débat*, vol. 1, n° 193, 2017, p. 153-166).

**Socialisme** : Terme apparu en Europe au milieu du 19e siècle qui a inspiré différents courants de pensée (utopistes, anarchistes, marxistes). Il se définit originellement par opposition à « individualisme » (exaltation de la liberté individuelle) et plus encore à « naturalisme » (ordre naturel des choses qui s'impose et légitime les hiérarchies sociales). Le socialisme va donc de pair avec l'affirmation de la société industrielle et se développe à partir de l'analyse des effets nuisibles du travail ouvrier, de la machine, du libre marché et du capitalisme sur la société et les êtres humains qui la composent.

Le socialisme est avant tout une révolte contre l'injustice. Il se soucie de ceux qui sont exploités et aliénés par le système productif qui confisque les profits et concentre la richesse. Il est animé par la volonté de vivifier la société civile et d'empêcher la rupture entre les classes sociales (bourgeois et prolétaires). Pour cela, il reconnaît le rôle et l'importance de l'État pour réconcilier la société et intervenir dans la vie sociale et économique afin de garantir l'intérêt général, maître-mot du socialisme (par opposition aux intérêts particuliers). Dans une perspective socialiste donc, l'État doit surveiller les marchés, briser les monopoles privés et contrôler les prix. Il doit aussi collecter l'impôt et même l'augmenter, car la fiscalité doit servir à limiter les richesses des riches et sauver les pauvres de la pauvreté. L'État doit aussi se soucier du système scolaire, dans la mesure où il tend à établir ou rétablir l'égalité entre les citoyens. Mais on ne doit cependant pas trop accorder à cet État, car sous prétexte de fuir une société despotique ou dominatrice, on ne doit pas verser dans l'opposé (Source : François Dagognet, « Socialisme : une possible définition », *Cités*, vol. 3, n° 43, 2010, p. 23-29).

**Souveraineté alimentaire** : Droit des peuples à une alimentation saine et culturellement appropriée produite avec des méthodes durables, et droit des peuples de définir leurs propres systèmes agricoles et alimentaires. Elle se distingue de la « sécurité alimentaire », qui est un objectif, alors que la souveraineté alimentaire est le moyen pour y parvenir, selon les organisations paysannes qui en font la promotion. Lors du Forum international pour la souveraineté alimentaire organisé à Nyéléni (Mali) en 2007, les sept piliers de la souveraineté alimentaire ont été élaborés, soit : mettre l'accent sur les besoins alimentaires des peuples ; parfaire les connaissances et les compétences ; travailler en harmonie avec la nature ; valoriser les fournisseurs d'aliments ; circonscrire les systèmes alimentaires à une échelle locale ; implanter le contrôle localement ; et reconnaître le caractère sacré des aliments (Source : Réseau pour une alimentation durable – Canada).

**Saint-simonisme** : Ensemble hétérogène formé par les disciples de Saint-Simon. Considéré comme l'un des premiers théoriciens de la société industrielle, le comte de Saint-Simon (1760-1825) a inspiré les pères fondateurs de toutes les grandes idéologies (libéralisme, socialisme, positivisme, anarchisme, marxisme) et donné naissance à plusieurs disciplines dont la sociologie. Il souhaite que l'on renonce au gouvernement des hommes (la politique) pour se préoccuper de l'administration des choses (l'économie). Adoptant une vision évolutionniste de l'histoire, les saint-simoniens poursuivent sa pensée en considérant que la science et l'industrie vont permettre à l'homme de se libérer des maux du passé, soit les guerres et la domination politique. Ils verront dans la société industrielle naissante, qui valorise le travail et l'innovation au détriment des privilèges et de la propriété non productive, un idéal à atteindre et propager, au point d'en faire une véritable religion (Source : Pierre Musso (dir.), *L'actualité du saint-simonisme (Colloque de Cerisy)*, Paris, PUF, 2004).

**Suffragettes** : Terme désignant les militantes pour le droit de vote des femmes qui n'ont pas hésité à recourir à la désobéissance civile pour faire aboutir leurs revendications. Le mouvement trouve sa source en Europe à la fin du 19e siècle, et principalement en Angleterre avec des figures marquantes comme Emmeline Pankhurst (1858-1928) et Emily Wilding Davison (1872-1913). Victimes de répression de la part des autorités, elles ont eu recours à la violence et à une véritable stratégie de guérilla (dégradation de monuments publics, bombes, incendies, etc.). Ce n'est cependant qu'à l'issue de la Première Guerre mondiale, au cours de laquelle elles se montrent majoritairement patriotes, que les femmes propriétaires de plus de 30 ans obtiennent le droit de voter (étendu à toutes les femmes en 1928). Les suffragettes font des émules à travers le monde (Irlande, Argentine, Chine, États-Unis, etc.), ce qui permet au principe de l'égalité politique entre les hommes et les femmes de se répandre au tournant du 20e siècle.

L'État du Wyoming aux États-Unis ouvre le bal en 1869, et lui emboîteront le pas la Nouvelle-Zélande (1893, y compris pour les femmes maories), l'Australie (1894-1899), la Finlande (1906), la Norvège (1913), l'Irlande (1918) (Source : Florence Rochefort, *Histoire mondiale des féminismes*, coll. « Que sais-je ? », Paris, PUF, 2018).

**Taxe Tobin** : Taxe sur les transactions de change (toutes les conversions de monnaie), proposée à l'origine en 1972 par l'économiste américain James Tobin pour stabiliser le système financier international. L'idée a été reprise par l'association ATTAC et par d'autres mouvements altermondialistes, dans le but de diminuer la spéculation financière (de l'ordre de plusieurs milliers de milliards de dollars par jour) et de redistribuer le bénéfice de cette taxe aux populations les plus démunies. En instaurant une taxe minime (entre 0,1 % et 1 %) sur chaque transaction monétaire quotidienne, il serait ainsi possible de générer des revenus de plus de 150 milliards par année, somme qui équivaut actuellement au total de l'aide publique au développement fournie par les 30 pays les plus riches de la planète (Sources : Comité pour l'abolition des dettes illégitimes – CADTM et ATTAC-Québec).

**Utopie** : C'est la vision d'un monde idéal en devenir, à construire. Elle est tournée vers l'avenir et appelle à l'action transformatrice. Elle est cet horizon qui nous fait avancer (Eduardo Galeano). Elle s'oppose à l'*idéologie* qui elle serait plutôt une vision d'un monde réalisé et idéalisé qu'il faudrait conserver. Ainsi, si l'utopie et l'idéologie se rejoignent en tant que vision idéalisée de la réalité, la première est révolutionnaire alors que la seconde est conservatrice (Source : Karl Mannheim, *Idéologie et utopie : une introduction à la sociologie de la connaissance*, Paris, Marcel Rivière, 1956).

**Via Campesina (La)** : Mouvement paysan international qui défend l'agriculture paysanne et la souveraineté alimentaire comme moyen pour promouvoir la justice sociale et la dignité. Il s'oppose clairement à l'agriculture industrielle et aux entreprises multinationales qui détruisent les relations sociales et l'environnement. Il rassemble des petits et moyens producteurs, des paysans sans-terre, des femmes et des jeunes du monde rural, des Autochtones, des migrants et des travailleurs agricoles. Le mouvement La Via Campesina est né lors d'une rencontre en 1993 à Mons, en Belgique. À l'époque, les politiques agricoles et l'industrie agroalimentaire entraient dans un processus de mondialisation. Les petits producteurs ont dû développer une vision commune et lutter pour la défendre. La Via Campesina regroupe aujourd'hui 182 organisations locales et nationales dans 81 pays d'Afrique, d'Asie, d'Europe et des Amériques. Elle représente environ 200 millions de paysannes et de paysans (Source : viacampesina.org).

**Zone à défendre (ZAD)** : Nouvelle forme de lutte sociale qui se caractérise par l'occupation du site d'un projet d'aménagement ou d'équipement par un certain nombre d'opposants, les « zadistes ». Le mot est apparu en France comme un détournement ironique d'une abréviation familière aux aménageurs urbains, la Zone d'aménagement différé, qui caractérisait une procédure administrative instituée au début des années 1960 pour l'aménagement des villes nouvelles. Celle-ci permettait à une collectivité locale de se substituer à l'acheteur lors de la vente d'un terrain sur lequel une opération d'aménagement était planifiée, afin de constituer les réserves foncières nécessaires et d'éviter toute spéculation. La première ZAD est apparue en France en 2009 à Notre-Dame-des-Landes, au nord-ouest de Nantes, sur le site prévu pour la construction d'un nouvel aéroport. D'autres ZAD sont ensuite apparues, sur le site du barrage de Sivens en octobre 2013, puis sur le site du projet de Center Parc à Roybon en décembre 2014. Cette nouvelle forme d'action axée sur la défense d'un territoire fait aujourd'hui des émules ailleurs en France, mais aussi en Suisse et en Belgique (Source : Philippe Subra, *Géopolitique locale : territoires, acteurs, conflits*, Paris, Armand Colin, 2016).

**Direction francophone de la collection :**
**Pierre Beaudet (jusqu'en 2022)**
**Direction anglophone de la collection :**
**Stacey Smith?**

Cette collection allie rigueur universitaire et accessibilité. Avec des sujets qui s'adressent au grand public, mais qui sont écrits par des expertes et des experts dans un style engageant et vivant, la Collection 101 est une nouvelle vision de ce que peut être l'écriture savante… et de ses lecteurs et lectrices. Chaque livre compte près de 101 pages et traite d'un sujet de grand intérêt, rédigé simultanément pour la novice et le novice enthousiastes et l'experte et l'expert sérieux, mais conçu pour aller plus loin et pour viser plus haut que la plupart des ouvrages savants.

## Œuvres les plus récentes de la *Collection 101*

Heather N. Nicol et Andrew Chater (dir.), *North America's Arctic Borders: A World of Change?*, 2021.

Geoffrey Hale et Greg Anderson (dir.), *Canada's Fluid Borders: Trade, Investment, Travel Migration*, 2021.

Claire-Jehanne Dubouloz Wilner, *Transformative Physical Rehabilitation*, 2020.

Zijad Delic, *Islam in the West: Beyond Integration*, 2018.

Découvrez la liste complète des titres parus
aux Presses de l'Université d'Ottawa :
**www.presses.uottawa.ca**

www.ingramcontent.com/pod-product-compliance
Lightning Source LLC
LaVergne TN
LVHW050315160826
845677LV00014B/3414